영원한 자유의 길

영원한 자유의 길

퇴옹 성철
지음

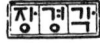

영원한
자유의
길

차 례

가야산의 메아리	… 7
불교의 근본사상, 중도	… 23
극락으로 가는 길	… 31
관음보살과 문수보살	… 41
불교의 근본 원리	… 51
중생과 부처의 차이	… 61
현실이 곧 절대다	… 73
자유로 가는 길	… 79
화두참구법	… 97
해탈의 길	… 115

가야산의
메아리

불교의 근본원리로서 '일체 만법이 하나도 멸하는 것이 없다[一切萬法 不生不滅]'는 말이 있습니다. 이 말은 영혼만이 죽은 후에 윤회하는 것이 아니라 물질도 멸하지 않고 그 형태만 바뀌어 갈 뿐, 영원토록 윤회한다는 것을 의미합니다.

예를 들어 양초에 불을 붙이면 양초는 타서 없어집니다. 이것은 양초를 구성하고 있는 원소가 분산된 것이지 결코 없어진 것이 아닙니다. 분산된 원소는 인체나 짐승, 나무 등에 모두 흡수되어 자꾸 도는 것입니다. 즉 물질의 원소는 없어지는 것이 하나도 없습니다. 문제는 영혼이 있어 인과에 의해 윤회를 한다고 하니 어떻게 해야 하겠습니까? 요즘 세상을 보면 도둑질도 하고, 살인도 하고…. 온갖 나쁜 짓을 다 하지 않습니까? 그러나 인과법칙을 분명히 알면 죄를 지을 수 없습니다. 자작자수自作自受, 자기가 짓고 자기가 받는 것을 어떻게 해야 하겠습니까? 불교의 근본은 바로 이 점에 있다고 할 수 있습니다.

우리의 생명은 영원하여 지은 바 업에 따라 윤회를 하며 영원토록 상주불변인데 불교가 무슨 필요가 있는가 하고 묻겠지만, 그렇기 때문에 불교가 필요한 것입니다. 중생이란 나쁜 일은 많이 해도 착한 일은 많이 못합니다. 인간이 업을 짓고, 윤회를 하고, 고통을 받고…. 그러나 부처님을 믿고 부처님 법을 따라서 수도를 하면 결국에는 스스로 깨쳐 생사해탈을 하게 됩니다. 다시 말하면 윤회도 인과도 모두 벗어나는 것입니다. 어떤 사람은 이런 말을 합니다.

"스님, 불교에서는 윤회가 있다고 하는데 윤회가 없었으면 좋겠습니다."

"왜?"

"죽고 난 후에는 아주 그만이라고 하면 다른 사람이야 어떻게 되든 말든 우선 편하게 살겠는데, 내생이 있고 인과가 있다고 하니 겁이 나서…."

"글쎄, 나도 인과가 없고 내생도 없었으면 좋겠어. 아무리 잘한다고 해도 잘못한 것이 더 많을 것이고, 내생에 낙樂

보다는 고^苦를 더 많이 받을 터이니 인과가 없었으면 좋겠어. 그런데 우리가 없었으면 한다고 해서 없어질까? 동쪽에서 서쪽으로 가는 해를 서쪽에서 동쪽으로 가게 할 수 있을까? 그것은 안 되지. 이미 있는 것은 어쩔 수 없는 일이야. 자연의 법칙, 인과의 법칙에 의하여 윤회하는 것을 벗어나는 길은 오직 영원히 자유자재한 성불의 길, 해탈의 길로 가는 방법밖에 없어. 그 길로 가는 것이 좋지 않겠나?"

또 한번은 여름에 젊은 학생이 절을 4,000배나 하고 백련암에 올라왔습니다. 다리가 아파서 잘 걷지도 못하고 삼배를 하는데 잘 일어서지도 못했습니다.

"무엇을 묻고 싶어서 왔나?"

"실제로 윤회가 있습니까?"

"있다면 뭘 하게?"

"윤회가 확실히 있다면 대학이고 뭐고 다 버리고 윤회의 문제부터 해결하려고 합니다."

"윤회의 문제라니?"

"윤회를 벗어나는 해탈의 길을 가야 하지 않겠습니까? 확실히 윤회가 있다면 모든 것을 버리고 출가하여 승려가 되고 싶습니다. 그러나 윤회가 없다면 걱정이 없으니 마음대로 살려고 합니다."

"나도 그랬으면 좋겠어. 그러나 윤회는 확실히 있어. 인과도 분명히…."

여러 가지 이야기를 해주었더니 그 자리에서 딱 결정해 버리는 것이었습니다.

"우리 부모님이 아무리 말리더라도 나는 다른 길을 걷지 않겠습니다. 윤회를 벗어나는 길, 해탈의 길을 걷겠습니다."

결국 그 학생은 승려가 되어 지금도 공부를 잘 하고 있습니다. 경전에도 있지 않습니까?

사람 되기 어려운데 이미 되었고
불법 듣기 어려운데 이미 들나니
이내 몸을 금생에 제도 못하면
어느 생을 기다려서 제도하리오.

우리가 도道를 닦아 성불하기 이전에는 영혼이 있어 자꾸자꾸 윤회를 하는 것입니다. 동시에 무한한 고苦가 따르는 것입니다. 나고 죽고, 나고 죽고…. 이것이 소위 생사고生死苦라는 것입니다. 이 무한한 고를 어떻게 벗어날 수 있겠습니까? 그것은 천당을 갈 필요도 없고, 극락을 갈 필요도 없고, 오직 사람 사람마다 누구나 갖고 있는 초능력, 즉 무한한 능력을 계발하는 것입니다. 이것을 활용하면 극락이나 천당은 아무 소용도 없고 이 현실에서 무애자재한 대해탈의 생활을 할 수 있습니다. 이것이 곧 우리 불교의 근본입장입니다.

불교에서는 '영원한 생명, 무한한 능력'을 불성佛性·법성法性·진여眞如라고 표현하는데, 이것은 누구나 똑같이 평등하게 갖고 있습니다. 이 능력을 계발하면 곧 부처이니 달리 부처를 구하지 말라고 했습니다.

그러면 생사해탈의 근본은 어디에 있는 것일까요? 불교의 근본진리, 구경진리를 바로 깨치면 그 깨친 경계는 영겁불망永劫不忘! 영원토록 잊어버리지 않고, 없어지지 않는다는 것입니다. 보통 일상생활에서 학문을 익힌다든지 기술을 배운다든지 하는 것은 시간이 좀 지나면 희미해지지만, 도를 깨쳐 도를 성취하면 이 깨친 경계는 영원토록 잊어버리지 않습니다. 금생, 내생은 물론 여러 억천만생을 내려가더라도 어두워지지 않는다는 것입니다. 이렇게 되면 그것에 따르는 신비하고 자유자재한 신통묘력神通妙力은 말로 다할 수 없습니다. 이제 그 실례를 들어 보겠습니다.

중국 송宋나라 때 곽공보郭功甫라는 시인이자 대문장가가

있었습니다. 그는 역사적으로도 유명한 사람인데, 그의 어머니가 그를 잉태할 때 이태백의 꿈을 꾸었다고 합니다. 그래서 그런지 세상 사람들은 모두 그를 이태백의 후신後身이라고 하였는데, 그는 천재적인 인물이었습니다. 그런 곽공보의 불교 스승이 귀종 선歸宗宣 선사라는 임제종의 스님이었습니다. 한번은 선사께서 곽공보에게 편지를 보냈습니다.

"내가 앞으로 6년 동안을 네 집에 가서 지냈으면 좋겠다."

"이상하다. 스님께서는 연세도 많은데 어째서 우리 집에 와서 6년을 지내시려고 할까?"

그날 밤이었습니다. 안방에서 잠을 자는데, 문득 자기 부인이 크게 소리를 지르는 것입니다.

"아이쿠, 여기는 스님께서 들어오실 곳이 아닙니다."

"자다가 왜 이러시오."

그는 부인을 깨워 물어보았습니다.

"이상합니다. 꿈에 큰스님께서 우리가 자는 이 방에 들어오시지 않겠습니까?"

"그래? 불을 켜요. 내가 보여줄 게 있어."

그리고서 낮에 온 편지를 부인에게 보여주었습니다. 그 이튿날 새벽 절에 가 보니 어젯밤에 스님께서 돌아가셨다고 합니다. 가만히 앉아서 입적入寂하셨다는 것입니다. 그러고 나서 열 달이 지나 부인이 사내아이를 낳았습니다. 모든 것으로 볼 때 귀종 선 선사가 곽공보의 집에 온 것이 분명합니다. 그래서 아들 이름을 선로宣老라고 지었습니다. '선 노스님'이라는 뜻입니다. 생후 일 년이 지나 아이가 말을 할 수 있게 되었습니다. 말을 하면서부터 아무에게나 "너"라고 하는 것입니다. 누구나 제자 취급입니다. 그리고 법문을 하는데 귀종 선 선사의 생전과 조금도 다름이 없었습니다. 그래서 자기 어머니, 아버지도 큰절을 하고 큰스님 대접을 하였습니다.

이것이 소문이 났습니다. 그 당시 유명한 임제종의 백운 단白雲端 선사가 이 소문을 듣고 한번 찾아왔습니다. 백운 단 선사를 보고 세 살 된 아이가 "아하, 우리 조카 오네." 하였습니다. 전생의 항렬을 치면 백운 단 선사는 귀종 선 선사의 조카 상좌가 되는 셈이었습니다. 이렇게 되니 "사숙님!" 하고 어린애에게 절을 안 할 수가 있겠습니까? 백운 단 선사 같은 큰스님이 넙적 절을 하였습니다. 그리고 말했습니다.

"스님과 헤어진 지 몇 해가 되었습니까?"

"한 4년 되지. 이 집에 와서 3년, 이 집에 오기 1년 전에 서운암에서 만나 이야기하지 않았던가?"

조금도 틀림없는 사실입니다. 그 장소도 틀림없습니다. 백운 단 선사가 보통의 이론적인 것이 아닌 아주 깊은 법담을 걸어 보았습니다. 세 살 먹은 아이가 척척 받아넘기는데 생전과 조금도 다름이 없었습니다. 그 법담은 장황하여 다 이야기 하지는 못하지만 이에 대해서는 『전등록傳燈錄』 등의 불교 역사에 자세히 나옵니다. 이것이 유명한 귀종 선 선사의 재생再生입니다. 그 후 약속대로 한 6년이 지나자 식구들을 불러 놓고 말했습니다.

"본시 네 집에 6년 동안 지낸다고 하지 않았던가. 이제 난 간다."

그리고는 그대로 죽어버렸습니다. 이것을 격생불멸隔生不滅이라고 합니다. 아무리 생을 바꾸어 태어나도 전생 일을 잊어버리지 않는다는 것입니다.

일체의 고통을 벗어나서
영원한 구경락을 얻는다.

이것은 『기신론起信論』에 있는 말인데 불교의 근본 목표입니다. 본래 불교에서는 현실의 세계가 불타는 집[火宅]이요, 괴로움의 바다[苦海]라고 했습니다. 그러면 이 속에서 그냥 고생만 하고 말 것인가? 아닙니다. 부처님 말씀 따라 도를 닦아서 무상도를 성취할 것 같으면 일체 고통을 완전히 벗어버리고 절대적인 낙과 영원한 자유를 성취합니다. 이것이 불교의 근본 목표이며, 동시에 부처님께서 출가하시어 생·로·병·사生老病死의 일체고를 벗어나서 구경락, 열반을 얻기 위한 것이기도 합니다. 아무리 왕궁에서 천하 없는 부귀영화를 누린다고 해도 죽으면 그만이고 영원하지 않은 것입니다. 결국 부처님께서도 일시적인 행복을 버리고 수도를 하시어 영원한 열반락을 얻었으니 이것이 불교의 해탈입니다.

우리나라 신라시대 때 혜공惠空이라는 스님이 계셨습니다. 우리가 알기로는 '신라 원효대사' 하면 최고 아닙니까? 그 당시 원효대사의 선생 되는 스님이 바로 혜공스님이십니다. 원효스님이 의심나는 것이 있으면 혜공스님께 물었습니다. 두 스님이 함께 생활하며 나누신 말씀이 『삼국유사』라든지 다른 여러 기록에 나오고 있습니다.

그럼 혜공스님은 어떤 분인가? 혜공스님은 선덕여왕 때 재상 천진공天眞公 집의 종의 아들로 태어났습니다. 평생 누구에게 글자 하나 배운 적이 없었습니다. 그러나 그분은 생이지지生而知之였습니다. 불교든 유교든 무소불통無所不通, 모르는 것이 하나도 없었습니다.

어느 날 화랑 구감공이 사냥을 나가다가 보니 혜공스님이 들판에서 죽어 있는데 몸에는 구더기가 들끓고 있었습니다.

"혜공스님이 큰 도인인 줄 알았는데 아무 소리도 없이 저렇게 돌아가시다니. 묻어 주는 사람도 없고 화장해 주는 사람도 없이 이렇게 썩어 가고 있는가. 내가 화장이라도 해 드려야겠다."

그리고는 신라 서울인 경주에 돌아와 보니 어느 스님 한 분이 곤드레만드레 술에 취해서 노래를 부르며 오는데, 유심히 보니 혜공스님이었습니다. 한 혜공스님은 산에 엎어져 죽어 있고, 또 한 혜공스님은 술 마시고 노래 부르며 다니는 것이었습니다.

한번은 혜공스님이 승조* 법사가 지은 『조론肇論』을 보고 자기가 지은 것이라고 하며 전생에 자기가 승조법사라고 하였습니다.

---

* 승조(僧肇, 383~414): 중국 스님. 장안 사람. 구마라집 문하의 4철(哲) 중 한 명. 지겸(支謙)이 번역한 『유마경(維摩經)』을 읽고 나서 불교에 귀의. 구마라집을 스승으로 섬기어 역경사업에 종사하였으며, 교리를 잘 알기로 구마라집 문하에서 으뜸이다.

이처럼 혜공스님은 한번도 배운 적이 없었어도 모르는 것이 없어 원효스님이 물어볼 정도였으며, 신통력이 자재하여 신라시대 10대 성인으로 추앙받는 분이기도 합니다.

이와 같은 이야기는 우리 불교 역사에 많이 있습니다. 그 좋은 실례를 달마대사에게서 찾아볼 수 있습니다. 대사의 일화 가운데 '총령도중 수휴척리蔥嶺途中 手携隻履'라는 것이 있습니다. 총령 고개로 신발 하나만을 메고 서천으로 가버렸다는 말입니다.

달마스님이 혜가慧可에게 법을 전하고 돌아가시자 웅이산熊耳山에서 장사를 지냈습니다. 그 몇 해 후 송운宋雲이라는 사신이 인도에 갔다가 돌아오는 길에 총령이라는 고갯마루에서 쉬고 있었습니다. 그때 어떤 스님 한 분이 신발 하나를 메고 고개를 올라오는데 가까이 와서 보니 바로 달마스님이었습니다.

"스님, 어디로 가십니까?"

"너희 나라와는 인연이 다하여 본국으로 간다. 그런데 네가 인도로 떠날 때의 임금은 죽었어. 가보면 새 임금이 계실 테니 안부나 전하게."

과연 돌아와 보니 먼저 임금은 죽고 새 임금이 천자가

되어 있었습니다. 도중에서 달마스님을 만난 이야기를 했습니다.

"아니, 달마스님 돌아가신 지 벌써 3년이 지났는데 총령에서 달마스님을 만나다니?"

"아닙니다. 저 혼자만 본 것이 아니고 수십 명이 함께 그분을 보았습니다. 절대로 거짓말이 아닙니다."

"그렇다면 달마스님 묘를 파 보자."

무덤을 파 보니 과연 빈 관이었습니다. 관은 비어 있고 신이 한 짝밖에 없었습니다. 달마대사의 '수휴척리'라는 말은 누구도 의심하지 않는 사실입니다. 해탈이라고 하여 그저 그런 것이 아니고 거기에는 사후에도 그런 자유가 있다는 것입니다. 보통 상식적으로 생각할 수 없는, 신비한 어떤 경계가 나타나는 것입니다. 이런 것은 근본적으로 무엇을 의미하는가? 우리가 본래 갖고 있는 영원한 생명 속에 든 무한한 능력을 계발하면 귀종 선 선사도 될 수 있고, 혜공스님도 될 수 있고, 달마대사도 될 수 있는 것입니다.

우리도 공부만 부지런히 하면 자유자재한 해탈을 성취할 수 있다는 것입니다. 그 근본 골자는 도를 깨쳐 영겁불망永劫不忘을 성취하면 영원토록 어두워지지 않는다는 것입니다. 언젠가 언급한 스티븐슨 씨가 조사한 2,000명 이상의 전생기억은 아이들이 장난하는 물거품과 흡사한 것이지만 영겁불망, 이것은 허공이 무너질지라도 조금도 변함없는 대해탈경계입니다.

그러면 그 '영겁불망'이라는 관문은 어떻게 해야 돌파할 수 있는가? 자고로 영겁불망의 생사해탈을 성취하려면 가장 빠른 길이 참선參禪입니다. 참선을 하는 데 있어서는 화두話頭가 근본입니다. 화두를 부지런히 하여 바로 깨치면 영겁불망이 되지 않으려야 안 될 수 없습니다. 그렇다면 영겁불망은 죽은 후에나 알 수 있는 것이지 생전에는 알 수 없는 것인가? 그렇지 않습니다. 숙면일여熟眠一如, 즉 잠이 아무리 깊이 들어도 절대 매昧하지 않고 여여불변如如不變할 때, 그때부터는 영겁불망이 되는 것입니다. 숙면일여라고 하여 깊은 잠이 들어서도 여여한 것이라고 하면 혹 누구라도 할 수 있는 것이 아닌가 하고 생각할지 모르겠습니다. 그러나 실제로 옛날의 조사스님 치고 숙면일여한 데에서 깨치지 않은 사람은 아무도 없습니다.

그러므로 깨치기 전에는 모든 것이 식심분별識心分別로서 봉사영혼이 되어서 업業 따라 몸을 받는 것입니다. 자기 자유는 하나도 없습니다. 자기가 지은 업대로 떨어져버립니다. 그것은 어쩔 수 없습니다. 자기 자유가 조금도 없고 업

따라 가는 것을 '수업수생隨業受生'이라고 합니다. 그러나 자유로운 경계가 되면 내 마음대로입니다. 김씨가 되든, 박씨가 되든, 여자가 되든, 남자가 되든, 마음대로 되는 것입니다. 이것이 '수의왕생隨意往生'입니다.

'수의왕생' 이것이 불교의 이상입니다. 그래서 "보살은 원력에 의해 태어나고 중생은 업력에 의해 태어난다"고 말했습니다. 수의왕생이 되려면 숙면일여가 된 데에서 자유자재한 그런 경계를 성취해야 하는 것입니다. 그렇게 되기 전에는 제아무리 아는 것이 많고 부처님 이상 가는 법문을 하고 큰소리를 쳐도 몸 한번 바뀌면 다시 캄캄해져서 아무 소용이 없습니다. 내가 항상 강조하는 말입니다만, 누구든지 아무리 크게 깨치고 아무리 큰 도를 성취했다고 해도 그 깨친 경계가 동정에 일여[動靜一如]하느냐, 몽중에 일여[夢中一如]하느냐, 숙면에 일여[熟眠一如]하느냐에 달려 있습니다. 실제 깨친 경계가 이러해야 비로소 바로 깨쳤다고 할 수 있습니다. 동정일여도 안 되고 몽중일여도 안 되는 그런 깨우침은 깨친 것도 아니고, 실제 생사에는 아무 소용도 없습니다. 참선은 실제로 참선을 해보아야 하고 깨침은 실제로 깨우쳐 봐야 합니다. 생사에 자재한 능력을 가질 수 있는 깨침이어야지 생각으로만 깨쳤다고 하는 것은 생사에 아무

이익도 없고 생사에 자유롭지도 못하며, 그것은 깨침이 아니고 불교의 병病이요, 외도外道입니다.

그러니 우리의 공부가 실제로 오매일여寤寐一如가 되어 영겁불망이 되도록 죽을힘을 다해 노력해야 합니다. 신명을 아끼지 말고 정진하여 부사의 해탈경계를 성취하고 해탈도인이 되어 미래겁이 다하도록 중생을 제도해야 될 것이 아니겠습니까?

불교의 근본사상,
중도

『반야심경』에 이런 구절이 있습니다.

　색이 공과 다르지 아니하고 공은 색과 다르지 않으며,
　색은 곧 공이며 공은 곧 색이니라.

　색色이란 유형有形을 말하고 공空이란 것은 무형無形을 말합니다. 유형이 곧 무형이고 무형이 곧 유형이라고 하였는데, 어떻게 유형이 무형으로 서로 통하겠습니까.
　어떻게 허공이 바위가 되고 바위가 허공이 된다는 말인가 하고 반문할 것입니다. 그것은 당연한 질문입니다. 그러나 알고 보면 바위가 허공이고, 허공이 바위입니다.
　어떤 물체, 보기를 들어 바위가 하나 있습니다. 이것을 자꾸 나누어 가다 보면 분자들이 모여서 생긴 것임을 알 수 있습니다. 분자는 또 원자들이 모여 생긴 것이고, 원자는 또 소립자들이 모여서 생긴 것입니다. 바위가 커다랗게 나타나지만 그 내용을 보면 분자 → 원자 → 입자 → 소립자로 결국 소립자 뭉치입니다. 그렇다면 소립자는 어떤 것인가? 이것은 원자핵 속에 앉아서 시시각각으로 '색즉시공色卽是空 공즉시색空卽是色' 하고 있습니다. 스스로 자기가 충돌해서 문득 입자가 없어졌다가 문득 나타났다가 합니다. 인공으로도 충돌현상을 일으킬 수 있지만 입자의 세계에서 자연적으로 자꾸 자가충돌을 하고 있습니다. 입자가 나타날 때는 색色이고, 입자가 소멸할 때는 공空입니다. 그리하여 입자가 유형에서 무형으로의 움직임을 되풀이하고 있습니다. 그러므로 공연히 말로만 '색즉시공 공즉시색'이 아닙니다.

실제로 부처님 말씀 저 깊이 들어갈 것 같으면 조금도 거짓말이 없는 것이 확실히 증명되는 것입니다.

또 요즘 흔히 '4차원 세계'가 어떻고 하는 이야기를 많이 하는데 이 4차원 세계라는 것도 상대성이론에서 전개된 것으로, 이것을 수학적으로 계산하여 완전한 체계를 세워 공식화한 사람은 소련의 민코프스키라는 사람입니다. 그 사람이 4차원 공식을 완성해 놓고 첫 강연에서 이렇게 선언했습니다.

"모든 존재는 시간과 공간을 떠났다. 시간과 공간은 그림자 속에 숨어버리고 시간과 공간이 융합하는 시대가 온다."

모든 것은 시간과 공간 속에 존재하는 것 아닙니까? 보기를 들어 "오늘, 해인사에서……"라고 할 때에 '오늘'이라는 시간과 '해인사'라는 공간 속에서 이렇게 법문도 하는 것입니다. 그러나 3차원의 공간과 시간은 각각 분리되어 있는 것이 우리의 일상생활인데, 그런 분리와 대립이 소멸하고 서로 융합하는 세계가 있다고 하였습니다. 시간과 공간이 완전히 융합하는 세계, 그것을 4차원 세계라고 하는 것입니다.

그렇게 되면 결국은 어떻게 되는가.

『화엄경』에 보면 '무애법계無碍法界'라는 말이 있습니다. 무애법계라는 것은 양변을 떠나서 양변이 서로서로 거리낌 없이 통해 버리는 것을 말합니다. 다시 말해 시간과 공간이 서로 통하는 세계입니다. 이것은 앞에서 말한 4차원의 세계, 곧 시간과 공간이 융합하는 세계로서 민코프스키의 수학공식이 어느 정도 그것을 설명해 주고 있습니다.

지금까지 이야기 한 '불생불멸', '색즉시공 공즉시색', '무애법계'라고 하는 이론들을 불교에서는 '중도법문中道法門'이라고 하는데, 이것이 불교의 근본사상입니다.

부처님께서 성불하신 후 녹야원에서 수행하던 다섯 비구를 찾아가서 처음 하신 말씀이 "내가 중도를 바로 깨쳤다"라는 말씀입니다.

중도, 이것이 불교의 근본사상입니다. 중도라는 것은 모순이 융합되는 것을 말하며, 모순이 융합된 세계를 중도의 세계라 합니다.

보통 보면 선善과 악惡이 서로 대립되어 있는데, 불교의 중도법에 의하면 선악을 떠납니다. 선악을 떠나면 무엇이 되는가? 선도 아니고 악도 아닌 그 중간이란 말인가? 그것이 아닙니다. 선과 악이 서로 통하는 것입니다. 선이 즉 악이고, 악이 즉 선으로 모든 것이 서로 통합니다. 서로 통한다는 것은 앞서 말한 유형이 즉 무형이고, 무형이 즉 유형이라는 식으로 통한다는 말입니다.

그래서 중도법문이라는 것은 일체 만물, 일체 만법이 서로서로 융화하는 것을 말합니다. 모든 모순과 대립을 완전히 초월하여 전부 융화하는 것, 즉 대립적인 존재로 보았던 질량과 에너지가 융화되어 한 덩어리가 되는 것입니다. 그런데 흔히 '중도'라 하면 '중도는 중간이다' 하는데, 그것은 불교를 꿈에도 모르고 하는 말입니다. 중도는 중간이 아닙니다. 중도는 모순 대립된 양변인 생멸을 초월하여 생멸이 서로 융화하여 생이 즉 멸이고, 멸이 즉 생이 되는 것을 말합니다. 에너지가 질량으로 전환될 때 에너지는 멸하고 질량이 생기지 않습니까? 그러니까 생이 즉 멸인 것입니다. 질량이 생겼다[生]는 것은 에너지가 멸했다[滅]는 것이고, 에너지가 멸했다는 것은 질량이 생겼다는 것입니다. 그러니 생멸이 완전히 서로 통해버린 것입니다.

이렇게 되면 불교에서 말하는 중도라는 것을 조금은 이해할 수 있을 것입니다.

내가 지금 이야기한 것을 종합해 본다면, "불교의 근본은 불생불멸에 있는데 그것이 중도다. 그런데 불생불멸이라는 것은 관념론인가? 관념론은커녕 실증적으로, 객관적으로 완전히 입증되는 것이다. 즉 아인슈타인의 상대성이론에서 '등가원리'가 그것을 분명히 입증했던 것이다. 그래서 불교가 참으로 과학적이라고 한다면 이보다 더 과학적일 수는 없다."는 말입니다.

중도란 모든 대립을 떠나서 대립이 융화되어 서로 합하는 것인데 부처님께서는 그것을 어떻게 말씀하셨는가?

철학적으로 보면 대립 중에서도 유무(有無)가 제일 큰 대립입니다. '있다' '없다'라고 하는 것, 중도라고 하는 것은 있음[有]도 아니고 없음[無]도 아닙니다[非有非無]. 있는 것과 없는 것을 떠나 버렸습니다. 그리고 거기에서 다시 유와 무가 살아난다는 식입니다[亦有亦無]. 그 말은 3차원의 상대적 유무는 완전히 없어지고 4차원에 가서 서로 통하는 유무가 새로 생긴다는 뜻입니다. 그리하여 유무가 서로 합해져버립니다. 그래서 부처님께서 "유무가 합하는 까닭에 중도라 이름한다[有無合故名爲中道]."고 말씀하신 것입니다.

불생불멸이라는 그 원리에서 보면 모든 것이 서로서로 생멸이 없고 모든 것이 서로서로 융합하지 않으려야 않을 수 없고, 모든 것이 무애자재하지 않으려야 않을 수 없습니다. 그래서 "있는 것이 곧 없는 것이고, 없는 것[有卽是無 無卽是有]이 곧 있는 것"이라고 말씀하신 것입니다.

그런데 이것이 워낙 어려운 것 같아서 사람들이 모두 저 멀리로만 보았던 것입니다. 저 하늘의 구름같이 보았단 말입니다. 그러나 이제는 원자물리학에서 실제로 생이 즉 멸이고, 멸이 즉 생인 불생불멸의 원리가 실험적으로 성공한 것입니다. 그러니 저 하늘에 떠다니는 구름이 아니고 우리가 언제든지 손에 잡을 수 있고 만져 볼 수 있는 그런 원리라는 말입니다. 이런 좋은 법法이지만 아는 사람도 드물고, 알아보려고 하는 사람도 드문 것이 현실입니다.

흔히 중도를 변증법과 같이 말하는데, 헤겔의 변증법에서는 모순의 대립이 시간적 간격을 두고서 발전해 가는 과정을 말하지만 불교에서는 모순의 대립이 직접 상통합니다. 즉 모든 것이 상대를 떠나서 융합됩니다. 그래서 있는 것이 즉 없는 것, 없는 것이 즉 있는 것, 시是가 즉 비非, 비가 즉 시가 되어 모든 시비, 모든 투쟁, 모든 상대가 완전히 사라지고 모든 모순과 대립을 떠난다면 싸움하려야 싸움할 것이 하나도 없습니다. 그렇게 되면 이것이 극락이고, 천당이고, 절대세계입니다. 그래서 "이 법이 법의 자리에 머물러서 세간상 이대로가 상주불멸이다[是法住法位 世間相常住]."이 말입니다. 보통 피상적으로 볼 때 이 세간世間이라는 것은 전부가 자꾸 났다가 없어지고, 났다가 없어지고 하는 것이지만 그 실상實相, 즉 참모습은 상주불멸, 불생불멸인 것입니다.

그렇다면 불생불멸의 원리는 어디서 꾸어 온 것인가? 그것이 아닙니다. 이 우주 전체 이대로가 본래 불생불멸입니다. 일체 만법이 불생불멸인 것을 확실히 알고 이것을 바로 깨치고 이대로만 알아서 나간다면 천당도 극락도 필요 없고, 앉은 자리 선 자리 이대로가 절대의 세계입니다.

불교에서는 근본적으로 현실이 절대라는 것을 주장합니다. 눈만 뜨고 보면 사바세계 그대로가 극락세계가 되는 것입니다. 그러니 절대의 세계를 딴 곳에 가서 찾으려 하지 말고 자기 마음의 눈을 뜨도록 노력해야 합니다. 눈만 뜨고 보면 태양이 온 우주를 비추고 있습니다. 이렇게 좋고 참다운 절대의 세계를 놔두고 '염불하여 극락 간다', '예수 믿어 천당 간다' 그런 소리 할 필요가 있습니까? 바로 알고 보면 우리 앉은 자리 선 자리 이대로가 절대의 세계입니다.

그러면 경계선은 어디 있는가? 눈을 뜨면 불생불멸 절대의 세계이고, 눈을 뜨지 못하면 생멸의 세계, 상대의 세계여서 캄캄한 밤중이다 이 말입니다.

오늘 내가 말하는 것은 어떻게 해서든지 우리가 서로 노력해서 마음의 눈을 완전히 뜨자 이것입니다.

"우리 다 같이 마음의 눈을 뜹시다."

극락으로
가는 길

불교에서 영원한 행복에 대해서 어떻게 이야기하는지 알아볼 필요가 있습니다. 또한 불교에서 말하는 영원한 행복을 얻는 방법에는 불합리한 점이 없는지, 그래서 요즘의 현실에 비추어 볼 때 납득이 안 되는 믿음을 강요하는 점은 없는지 살펴보아야 할 것입니다. 그에 대해 결론부터 말하자면, 아무리 우주과학 시대라고 하더라도, 또 앞으로 아무리 많은 세월이 지나가더라도 불교 자체는 현실적으로 아무런 구애받음이 없다는 것입니다. 이렇게 말하면 어떤 사람은 다른 종교는 그릇되었다 말하면서 자신의 종교인 불교만 옳다 한다고 반발할지도 모르겠습니다.

지금까지 불교가 펼쳐 온 사상이 허위에 차고 거짓투성이라면, 기독교가 절대신을 부정하였듯이, 불교도 마땅히 팔만대장경을 버리고 다시 새로운 터를 닦아 그 위에 집을 지어야 할 것입니다. 불교라고 예외일 수가 없기 때문입니다. 따지고 보면 불교의 경전에도 거짓은 있긴 하지만, 그것은 방편方便이라 하여 무지한 중생을 올바른 곳으로 인도하기 위한 수단에 불과합니다.

그런 방편으로 '극락'이라는 것이 있습니다. 서쪽으로 서쪽으로 자꾸 가면 그곳에 극락세계가 있는데, 그곳을 서방정토西方淨土라고 부른다고 했습니다. 그렇다면 저 하늘 위에 있다는 천당은 거짓말이고 서쪽으로 가면 있다는 극락세계는 진짜인가 하는 의심이 생길 수도 있습니다. 그러므로 우선 극락세계가 어떤 곳인지 살펴보아야 할 것입니다. 망원경을 이용하여 찾아보든지 어떻게 하든지 먼저 살펴보고 나서 옳지 않으면 믿지 않아야 할 터이고, 만일에 옳다면 누구든지 그곳으로 가서 영원한 행복을 찾도록 노력해야 할 것입니다.

극락세계를 자세하게 설명한 불교 경전으로 정토삼부경淨土三部經 중에 『무량수경無量壽經』과 『관무량수경觀無量壽經』이 있고, 또 『무량수의궤경無量壽儀軌經』이라는 것이 있습니다. 『무량수경』에서는 저 서방세계를 지나 끝없이 가면 극락세계가 있는데 그곳에 가면 영원하고 절대적인 행복을 누린다고 했습니다. 이 삼계화택三界火宅, 사생고해四生苦海의 사바세계에 집착하지 않고 부지런히 염불을 하면 극락세계로 갈 수 있다는 것입니다. 이 경에서 묘사하고 있는 극락세계의 장엄은 참으로 대단하여 천당과는 비교도 안 됩니다. 그런 극락세계에 누구든지 "나무아미타불"만 지극하게 부르면 갈 수 있다고 합니다. 다만 여기에 한 가지 조건이 붙습니다. 오역죄五逆罪를 지은 사람, 곧 부모를 죽이거나 대성인을 죽인 사람 또는 교단 화합을 파괴하거나 바른 불법을 비방한 사람 등은 아무리 아미타불을 불러도 극락세계에 갈 수 없다고 합니다. 그런데 『관무량수경』에서는 그와 달리 극락세계를 아홉 등급[九品]으로 나누고서 오역죄를 지은 사람이나 정법을 비방한 사람이라도 극락세계에 갈 수는 있는데 그런 사람은 가장 낮은 등급인 하품하생下品下生에 간다고 말합니다. 또 『무량수의궤경』에서는 오역죄뿐만 아니라 그보다 더 중한 죄를 지었다 해도 아미타불을 열심히 부르면 상품상생上品上生의 가장 좋은 극락세계에 갈 수 있다고 합니다.

이것을 보면 서방정토西方淨土라고 하는 극락세계에 가는 자격에 대해서 제각기 말이 조금씩 다른 것을 알 수 있습니다. 『무량수경』에서는 오역죄를 지은 사람은 극락세계에

못 간다고 해 놓았는데, 『관무량수경』에서는 하품하생에는 갈 수 있다고 하다 『무량수의궤경』에서는 상품상생에까지도 갈 수 있다고 해 놓았으니, 어느 것이 진실인지 분별할 수가 없습니다.

그런데 『관무량수경』의 끝부분을 보면 "서쪽으로 가면 극락세계가 있는데 거기에 있는 부처님은 법계장신法界藏身 없습니다."라고 되어 있습니다. 여기서 말하는 법계法界란 시방十方의 법계이니, 곧 부처님 몸이 시방 법계에 가득 차서 그 어느 곳이나 부처님이 안 계신 곳이 없다는 뜻입니다. 이 말씀은 극락세계가 서방西方에만 있는 것이 아니고, 동방東方에도 있고, 북방北方에도 있고, 남방南方에도 있고, 땅 밑이나 하늘 위나 없는 곳이 없다는 의미로 해석할 수 있습니다. 온 시방세계十方世界가 부처님으로 가득 차 있고 부처님이 안 계신 곳이 없다는 것입니다.

이것을 불교에서는 '마음이 곧 부처이며, 마음이 부처가 되는 것[是心是佛, 是心作佛]'이라고 합니다. 다시 말하면 다른 것이 아미타불이 아니라, 일체 중생이 모두 다 가지고 있는 마음 그것이 바로 아미타불이라는 것입니다. 또 마음이 부처님인 것이지 마음을 내놓고 달리 부처를 구하려는 것은 마치 불 속에서 얼음을 구하려는 것과 마찬가지라는 것입니다. 그렇습니다. 부처가 달리 있는 것이 아니라 바로 마음이 부처인 것입니다. 이때의 '마음'이라고 하는 것은 개인의 육단심肉團心을 말하는 것이 아니라, 시방에 가득 차 있어 유정有情, 무정無情이 똑같이 갖고 있는 그 마음을 말합니다. 곧 유정도 부처님 마음을 갖고 있고 무정도 부처님 마음을 갖고 있으니 그것이 곧 법계장신法界藏身이며 아미타불이라는 것입니다.

그러면 처음부터 부처님은 시방세계에 가득 차 있어서 안 보려야 안 볼 수 없고 피하려야 피할 수 없다고 밝히지 않고, 왜 서방에 있다고 하면서 그곳에 갈 수 있느니 없느니 하고 빙빙 돌려서 말씀했는가? 그것은 앞에서도 이야기했듯이 하나의 방편설方便說입니다. 사람들의 지혜가 발달되기 전에는 그 지혜의 정도에 맞추어서, 그 사람이 이해하기 쉽게 또 그 사람의 지혜를 향상시키기 위해서, 부득이 사실과 꼭 같지는 않지만 이야기를 거짓으로 꾸며서 전해 주어야 합니다. 그렇게 선의의 거짓말을 해 가면서 지혜를 자꾸자꾸 향상시켜 가면 마침내 참말을 이해할 만큼 성장하게 됩니다. 그때에는 지금까지 한 말은 참말을 알게 하기 위한 거짓말임을 일깨워 줍니다. 이렇게 하는 것을 방편설 또는 방편가설方便假說이라고 합니다.

사실 아무것도 모르는 사람에게 지금 살고 있는 현실 이대로가 극락이라고 하면, 그는 미친 소리라고 비웃거나 아니면 화를 낼 것입니다. 지금 이렇게 고생하면서 살고 있는데 여기가 극락이라니 마치 사람을 놀리는 말처럼 들릴 것입니다. 그래서 그는 끝까지 현실 이대로가 바로 극락세계라는 사실을 믿지 않고 그것은 거짓된 말이라고 부정할 것입니다.

그래서 이러한 사람들을 바로 가르치기 위해 "저 서방에 극락세계가 있으니 부지런히 아미타불을 외고 수행하면 그곳에 갈 수 있다"고 방편을 쓰는 것입니다. 그리하면 극락세계로 가기 위해서 열심히 아미타불을 부르며 수행에 열중하게 될 터이니 말입니다. 이렇게 염불을 부지런히 외면서 수행에 힘쓰다 보면, 그러는 사이에 지식이 늘고 지혜가 향상되면서 부처님 말씀을 이해하는 힘이 차츰차츰 커지게 됩니다. 그리하여 얼마 뒤에 부처님의 말씀을 완전히 이해할 수 있는 때에 이르면, 앞에서 일러준 말은 방편일 따름이요, 사실은 시방세계 이대로가 극락이며 모든 중생이 바로 부처이니 유정과 무정이 모두 부처님 아닌 것이 없음을 가르쳐 줍니다. 그러면 그들은 비로소 모든 것을 전체적으로 이해하게 되는 것입니다.

그 방편에 대해 가장 유명한 것이 『법화경』입니다. 『법화경』은 부처님이 49년 동안 설법한 말씀의 총 결산이라 할 수 있는데, 여기에서 가장 골자가 되는 것이 바로 「방편품方便品」입니다. 거기에 보면 "시방세계 국토 중에 오직 일승법만이 있다[十方國土中 唯有一乘法]."고 하고 있습니다.

일승법이란 이 세상에 부처님 아닌 것이 없고, 극락세계 아닌 곳이 없다는 말입니다. 그러나 중생을 교화하고 구원하기 위해 이승二乘, 삼승三乘의 방편을 설하셨습니다. 그리고 방편설은 비록 사실 그대로의 참말은 아니지만 수단으로서 인정한다고 적혀 있습니다. 결국 일승을 말씀하시기 위해 이승과 삼승을 설하신 것입니다.

중국의 유명한 육조六祖스님도 극락세계에 대해 "부처님이 극락세계에 대해 말씀하셨는데 이것은 분명히 방편에 지나지 않는다. 왜냐하면 그것이 만일에 사실이라면 동방 사람은 염불을 하면 서방의 극락세계로 갈 수가 있다고 하지만, 서방 사람은 염불을 하면 어디로 갈 것인가 하는 문제가 생기기 때문이다."라고 말했습니다. 또 "부처님은 아직 지혜가 성장하지 못한 사람들을 상대하였기 때문에 방편설을 쓰셨지만, 나는 지혜가 발달된 사람들만 상대하기 때문에 방편을 쓰지 않는다."고도 하셨습니다. 결국 육조스님의 뜻은 서방 극락세계는 실재하지 않고, 오직 내 마음이 부처라는 것입니다. 다시 말해서 마음 그대로가 극락세계이며, 자성自性 그대로가 아미타불이라는 것입니다. 극락세계도 내 마음속에 있고 아미타불도 내 마음속에 있으니, 서방이든 동방이든 보지 말고 어떻게 해서든지 마음속에 있는 극락세계를, 마음속에 있는 아미타불을 찾으라는 것입니다.

앞에서 우리가 종교를 믿는 것은 영원한 행복을 추구하기 때문이라고 말했습니다. 그런데 현실에서는 그 행복을 달성할 수가 없기 때문에 종교는 극락이니 천당이니 하는 방편을 설정해 놓고 거기에 가면 행복을 찾을 수 있다고 말해 왔습니다. 그러나 이제는 더 이상 방편을 쓸 필요가 없게 되었습니다. 위로 올라가는 천당은 거짓말이고 옆으로 가는 극락은 참말이라고 한다면 세상 사람들이 무어라고 하겠습니까? 요즘에는 아이들도 극락이니 천당이니 하면 믿지를 않습니다. 그래서 어떤 종교는 교리를 바꾼다느니 새 시대에 맞게 그 뜻을 재해석한다 하지만, 불교는 그럴 필요가 없습니다. 다만 그동안 어리석은 사람들을 위해 써 왔던 방편가설을 버리기만 하면 됩니다. 방편가설을 버리면 남는 것은 앞에서 이야기한 일승一乘인데 그곳으로 바로 들어가면 됩니다. 다시 말하면 현실 이대로가 절대이고 극락세계이고 천당이며, 중생 모두가 하나님 아님이 없고 부처님 아닌 사람이 없음을 바로 이해하기만 하면 됩니다.

곧 불교의 기본 태도는 일승법인데, 현실 이대로가 절대라는 사실이 객관적으로 증명이 되면 우리는 불교를 더 잘 이해할 수 있고 바로 부처님 법 위에서 영원한 행복을 누릴 수 있습니다.

관음보살과
문수보살

　　　　관세음보살이 세인世人에게 나타난 사례는 아주 흔합니다. 그 중에서도 가장 유명한 곳이 보타락가산寶陀洛迦山입니다. '보타'란 인도말로 '희다'는 뜻이고 '낙가'는 '꽃'이란 말로서 보타락가는 '흰 꽃'이란 뜻입니다. 관음도량觀音道場은 백화도량百華道場이라고도 합니다. 보타락가산에 조음동潮音洞이라는 곳이 있습니다. 나는 가보지 못하였지만 사진으로는 여러 번 보았습니다. 그곳에서는 누구든지 정성껏 기도하면 수시로 관세음보살이 나타난다고 합니다. 그래서 중국에는 성지聖地와 명소가 많지만 돈이 많이 생기는 곳은 보타락가산입니다. 온 천하 신도들이 관세음보살을 친견하려고 많이 오기 때문입니다. 수백, 수천 명의 사람이 모여 향을 꽂고 정성껏 기도를 하면, 그 가운데 관세음보살이 나타나서 때로는 법문도 하고 여러 동작을 하는 것을 보게 됩니다. 그런 것을 보면 신심이 솟아나서, 신도들이 돈을 막 쏟아 놓고 갑니다. 그래서 해방 전까지만 해도 보타락가산 절 한 곳에만도 대중스님이 4천여 명 살았습니다. 그리고 신도들이 자꾸 와서 관세음보살을 친견한 후에는 돈을 쏟아 놓고 갑니다.

그런데 제일 문제되는 것은 사신공양捨身供養입니다. 관세음보살 친견에 너무 감격하여 '이 몸을 관세음보살께 바치겠다'고 높은 절벽에서 떨어져 몸을 공양하는 것입니다. 그래서 사신공양을 못하도록 관세음보살이 자주 나타나는 주변에는 이리저리 막아서 사람이 죽지 못하도록 조치를 했습니다. 그래도 가끔 사신공양 사건이 일어났습니다. 이것이 유명한 보타락가산의 관세음 현신現身입니다.

관세음보살은 보타락가산에만 나타나는 것이 아니고 금사탄에도 자주 나타났다는 것입니다. '금사탄두마랑부'라는 이 이야기는 보통 사람이 말한 것이 아니고 선종의 가장 큰 종파인 임제종의 제3세 적손嫡孫인 풍혈스님이 하신 말씀입니다. 그러나 풍혈스님이 말씀하신 그 법문의 근본 뜻은 공부를 하여 확철히 깨치기 전에는 모르는 것으로, 나는 다만 그 연유가 어찌된 것인가를 말한 것입니다.

이것보다 더 유명하며 기적적인 법문이 선가에 있습니다. 전삼삼 후삼삼前三三 後三三이라는 것입니다. 이 법문은 유명한 『벽암록碧巖錄』 백칙百則에도 들어 있습니다. 이것은 문수보살이 말씀하신 이야기입니다.

무착문희無着文喜 선사가 문수보살을 친견하려고 중국의 오대산에 갔다가 금강굴 앞에서 웬 영감 한 분을 만났습니다. 그 영감을 따라가니 아주 좋은 절이 있어서 그 절에 들어가 영감과 마주 앉아서는 이런저런 이야기를 나누었습니다.

그 영감이 물었습니다.
"남방 불법은 어떻게 행하는가?"
"말세 중생이 계행이나 지키고 중노릇합니다."
"절에는 몇 사람이나 모였는고?"
"삼백 혹은 오백 명 모여 삽니다."
무착스님도 한마디 묻고 싶었습니다.
"여기는 불법이 어떠합니까?"
"범인과 성인이 같이 살고, 용과 뱀이 섞여 살지."
"그럼 숫자는 얼마나 됩니까?"
"앞으로도 삼삼, 뒤로도 삼삼이지."
'용과 뱀이 섞여 살고 범인과 성인이 같이 산다'는 말은 보통으로 들으면 그저 그런 것 같지만 그 뜻이 깊은 곳에 있습니다. 겉말만 따라가다가는 큰일납니다. 무착선사는 그 말뜻이 무엇인지도 모른 채 노인과 작별하고 나와 돌아보니 절은 무슨 절, 아무것도 없습니다. 그래서 그것에 대해 게송을 읊었습니다.

> 시방세계 두루 성스러운 절
> 눈에 가득히 문수와 말을 나누나
> 당시는 무슨 뜻을 열었는지 모르고
> 머리를 돌리니 다만 푸른 산 바위뿐이더라.

그 후에 또 문수보살을 친견하여 법문 들은 것이 있습니다. 불교 선문에서 흔히 알고 있는 내용입니다.

> 누구나 잠깐동안 고요히 앉으면
> 강가 모래같이 많은 칠보탑을 만드는 것보다 낫도다.
> 보배탑은 끝내 무너져 티끌이 되거니와
> 한 생각 깨끗한 마음은 부처를 이루는도다.

이 게송을 아는 사람은 많지만, 어디서 나오는 것인지 그

출처를 모르는 사람이 많을 것입니다. 이것은 무착문희 선사가 오대산에 가서 문수보살을 친견하고 문수보살이 직접 무착스님에게 설한 법문입니다. 그러니 관세음보살뿐 아니고 문수보살 같은 그런 대보살들도 32응신만이 아니라 3백, 3천, 또 몇 천억 화신을 나툴 수 있는 것입니다. 누구든지 불법을 성취하여 대해탈부사의 경계를 얻을 것 같으면 문수보살도 될 수 있고, 관세음보살도 될 수 있고, 보현보살도 될 수 있으며, 32응신이 아니고 백, 천 화신을 나타내어 자유자재하게 일체 중생을 제도할 수 있는 것입니다.

문수보살을 보는 가장 유명한 성지가 중국의 오대산인데 그곳에 가서 실제로 친견한 기록도 많이 있습니다. 우리나라 역사에서도 보면 신라시대 자장스님이 중국에 갔을 때 오대산에서 문수보살을 친견하고 법문을 들었다고 합니다. 그 뒤 스님은 귀국하여 불교를 위해 여러 가지를 하시다가 나중에 태백산 정암사에서 돌아가셨는데, 그때 돌아가시기 얼마 전에 문수보살이 직접 스님을 찾아왔지만 그만 시자들의 실수로 친견하지 못했다고 합니다.

실제로 문수보살이 사자를 타고 나타나는가 하면, 노인으로 또는 동자童子가 되어 나타나는 수도 있고, 여러 가지로 몸을 나투어 비유로써 중생을 교화합니다. 그래서 누구든지 신심이 있고 오대산에 가서 기도를 많이 하는 사람이면 문수보살을 직접 친견할 수 있습니다. 그렇다면 우리가 오대산에 가야 문수보살을 친견하고 낙가산에 가야만 관세음보살을 친견할 수 있는가 하면 그렇지 않습니다. 부처님께서 항상 하신 말씀이 있습니다.

중생을 제도하기 위해
방편으로 열반을 나타내지만
내가 실제 죽는 것 아니고
항상 여기서 법을 설한다.

'상주차설법常住此說法'이라 함은 항상 여기 계시면서 설법하시는 것을 말합니다. '여기'란 시방 세계로서 처처가 '여기'입니다. 꼭 영축산만 여기가 아닙니다. 보타산이 어느 곳인가? 사람 사람의 신심이 보타산입니다. 철저한 신심으로 기도를 하면 어디든지 나타납니다. 관세음보살이 나타나는 곳이 보타산입니다. 문수보살 나타나는 곳이 오대산입니다. 오대산이 따로 없고 보타산이 따로 없으니, 사람마다 그 신심에 있습니다. 신심! 오직 신심으로 공부도 기도도 하면, 누구든지 살아서 관음도 문수도 볼 수 있으며 산 부처님도 볼 수 있습니다.

부처님께서 항상 하시는 말씀이 있습니다.

> 모든 신통력 갖추고
> 널리 지혜 방편 닦아
> 시방 모든 국토에
> 어느 곳에든 현신 않는 곳 없다.

달이 뜨면 천 개, 만 개 강에 달 비치듯이[千江有水 千江月], 부처님은 시방세계 어느 곳 어느 나라 할 것 없이 현신하지 않는 곳이 없습니다. 만약 부처님이 아주 돌아가 없어졌으면 모든 기적들은 절대로 있을 수 없을 것입니다. 그러나 현재에도 많은 사람들이 부처님께 정성을 들여 그 정성의 정도에 따라 가피를 입고 있지 않습니까? 이런 것들은 모두 꿈속의 중생들이 대하는 부처님이어서 잠깐 동안입니다. 그러나 꿈을 깨어 법法의 눈을 밝게 뜨면 부처님을 항상 안 보려야 안 볼 수 없는 것이니 부지런히 공부해서 속히 마음의 눈을 뜰 것입니다.

흔히 염기염멸念起念滅하는 것, 곧 생각이 일어났다가 생각이 없어지는 것을 생사生死라고 합니다. 끊임없이 생각이 일어났다가 없어졌다 하는데, 이러한 생멸하는 생각이 완전히 없어지는 것을 해탈이라고 합니다. 염기염멸하는 그 생각이 없으면 생사도 없습니다. 이것이 철저하여, 제8아뢰야식의 근본무명, 무시무명無始無明까지 모두 끊어지면 미래겁이 다하도록 자유자재할 수 있는 것입니다. 그렇게 되면 완전한 해탈을 얻을 수 있습니다.

불교를 참으로 잘 믿으려면, 불교의 근본 목표가 어디에 있는지 알고 믿어야 합니다. 눈먼 망아지가 요령소리만 듣고 따라가다가는 똥구덩이에 빠지고 흙구덩이에 처박히고 덫에도 걸리고, 심지어는 죽기까지도 하는 것입니다. 불교의 근본 목표는 생사해탈에 있습니다. 해탈이란 일시적인 자유가 아니라 영원한 자유입니다. 영원한 자유란 생전사후生前死後를 통해서 또 과거, 현재, 미래의 삼세를 통해서 영원히 자유로운 것입니다.

그것은 지금까지의 보기에서도 보았듯이 엄연한 사실입니다. 결코 전설이나 신화가 아닙니다. 실제로 영원한 자유가 없다면 굳이 부처님을 믿고 신앙생활을 할 필요가 없을 것입니다. 욕심대로 살다가 죽으면 그만이라면 아무도 고생하면서 수행하지 않을 것입니다.

그러나 영원한 자유, 영원한 해탈이 있기 때문에 모든 것을 희생하고 고행의 문턱에 들어서는 것입니다. 천자天子보다 더 높은 이라도 죽고 나면 아무 소용이 없습니다. 그렇기 때문에 죽어도 그만이 아닌 영원한 자유를 구하기 위해 천자도 버리고 참 진리에 도달하려고 하는 것입니다.

불교의
근본 원리

일체만법이 나지도 않고
일체만법이 없어지지도 않나니
만약 이렇게 알 것 같으면
모든 부처님이 항상 나타나는도다.

이것은 『화엄경華嚴經』에 있는 말씀인데 불교의 골수라 할 수 있습니다. 팔만대장경이 그렇게 많고 많지만 한마디로 축소하면 '불생불멸'이라고도 할 수 있는데 불생불멸은 불교의 근본 원리이니 부처님께서 불생불멸을 깨친 것입니다. 이를 자세하게 설명하면 팔만대장경이 다 펼쳐지는 것입니다.

그런데 보통 상식적으로 생각해 보면 세상 만물 전체가

생자필멸生者必滅입니다. 생겨난 것은 반드시 없어진다는 뜻입니다. 생자는 필멸인데 어째서 모든 것이 나지도 않고 멸하지도 않는다 하셨는가? 빨간 거짓말이 아닌가? 당연히 그런 질문도 할 수 있는 것입니다. 세상에 생자필멸 아닌 것이 무엇이 있습니까? 무엇이든지 생겨난 것은 모두 죽습니다. 그런데 왜 부처님은 모든 것이 다 불생불멸이라고 하신 것인지, 이것을 분명히 제시해야 되지 않느냐는 말입니다. 그것도 당연합니다.

이것을 참으로 바로 알려면 도를 확철히 깨쳐서 일체가 나지도 않고 일체가 멸하지도 않는 도리를 바로 알아야 합니다. 그렇게 되기 전에는 누구든지 의심을 품지 않을 수 없습니다.

모든 것이, 일체 만법이 불생불멸이라면 이 우주는 어떻게 되는가? 상주불멸常住不滅입니다. 그래서 불생불멸인 이 우주를 불교에서는 상주법계常住法界라고 합니다. 항상 머물러 있는 법의 세계라는 말입니다.

그래서 이것을 바로 알면 불교를 바로 아는 동시에 모든 불교 문제가 다 해결되는데, 이것을 바로 모를 것 같으면 불교는 영영 모르고 마는 것입니다. 그렇다면 누구든지 모두 다 산중에 들어와서 눈감고 앉아 참선을 하든지 도道를 닦

아 결국에는 깨쳐야지 안 깨치고는 모를 형편이니 이것도 또 문제 아니냐, 그것도 당연한 질문입니다. 그런데 설사 도를 깨치기 전에는 불생불멸하는 이 도리를 확연히 알지 못한다고 하더라도 요즘은 과학 만능시대이니 이것을 과학적으로 좀 근사하게 풀이를 할 수 있다 이 말입니다. 그렇다면 불생불멸하고 과학하고 무슨 관계가 있는가?

자고로 여러 가지 철학도, 종교도 많지만 불생불멸에 대해서 불교와 같이 이토록 분명하게 주장한 철학도 없고, 종교도 없습니다. 그동안 이 불생불멸이라는 것은 불교의 전용이요, 특권이 되어 있었습니다. 그런데 과학이 자꾸 발달하면 요즘은 불교의 불생불멸에 대한 특권을 과학에게 빼앗기게 되었습니다. 어째서 빼앗기게 되었는가? 과학 중에서도 가장 첨단과학인 원자물리학에서 자연계는 불생불멸의 원칙 위에 구성되어 있음을 실험적으로 증명하는 데 성공한 것입니다. 말이 좀 어렵게 될지 모르겠는데, 이 이론을 처음으로 제시한 사람이 아인슈타인입니다.

아인슈타인은 상대성이론에서 등가원리等價原理라는 것을 제시했습니다. 자연계는 에너지와 질량 두 가지로 구성되어 있는데, 고전물리학에서는 에너지와 질량을 두 가지로 각각 분리해 놓고 보았습니다. 그러나 등가원리에서는 결국

에너지가 곧 질량이고 질량이 곧 에너지이다, 서로 같다는 것입니다.

그전에는 에너지는 에너지 보존법칙, 질량은 질량불변의 법칙을 가지고 자연 현상의 모든 것을 설명했는데 이제는 에너지와 질량을 분리하지 않고 에너지 보존법칙 하나만 가지고 설명을 하게 된 것입니다. 사실 그 하나밖에 없습니다. 질량이란 것은 유형의 물질로서 깊이 들어가면 물질인 소립자素粒子이고, 에너지는 무형인 운동하는 힘입니다. 유형인 질량과 무형인 에너지가 어떻게 서로 전환할 수 있는가? 그것은 상상도 못했던 일입니다.

50여 년 전, 아인슈타인이 등가원리에서 에너지와 질량 두 가지가 별개가 아니고 같은 것이라는 이론을 제시하였을 때 세계의 학자들은 모두 그를 몽상가니 미친 사람이니 하며 무시하였습니다. 그런 이론 즉 에너지와 질량이 어떻게 같을 수 있는가 하고 말입니다.

그래도 아인슈타인이라는 사람이 미친 사람이 아니고 함부로 말하는 사람이 아닌 만큼, 학자들이 수십 년 동안 연구하고 실험에 실험을 거듭한 결과 마침내 질량을 에너지로 전환하는 데 성공했습니다. 그 성공의 첫 응용단계가 원자탄 수소탄입니다. 질량을 전환시키는 것을 핵분열이라고 하는데, 핵을 분열시켜 보면 거기에는 막대한 에너지가 발생한다고 합니다. 그때 발생되는 에너지, 그것이 천하가 다 아는 원자탄인 것입니다. 이것은 핵이 분열하는 경우이고, 핵이 융합하는 경우에도 그렇습니다. 수소를 융합시키면 헬륨이 되면서 거기에서 막대한 에너지가 나온다고 합니다. 이것이 수소탄이 되는 것입니다.

이렇든 저렇든 그전에는 에너지와 질량을 완전히 분리하여 별개의 것으로 보았습니다만, 과학적으로 실험한 결과 질량이 에너지로 완전히 전환하는 것입니다. 그리하여 원자탄이 되고 수소탄이 된다는 말입니다. 그런 실험에 처음으로 성공한 사람은 미국의 유명한 물리학자인 앤더슨이라는 사람으로, 그는 에너지를 질량으로 또 질량을 에너지로 전환하는 실험에 성공하였습니다. 그러나 그 실험은 광범위하지 못하였습니다.

그 후 이탈리아의 학자로서 무솔리니에 쫓겨 미국에 망명한 세그레라는 유명한 학자가 있었습니다. 그 사람은 여러 방법으로 실험한 결과 여러 형태의 각종 에너지 전체가 질량으로 전환되고, 또 각종 질량 전체가 에너지로 전환되는 것을 입증했습니다.

그래서 자연계를 구성하고 있는 근본 요소인 에너지와

질량이 불생불멸이며, 부증불감이라는 것입니다.

이렇게 되면 자연계는 어떻게 되는가. 자연계 즉 우주법계라는 것은 근본적으로 봐서 에너지와 질량 두 가지로 구성되어 있는 만큼 에너지가 질량이고 질량이 에너지여서, 아무리 전환을 하여도 증감이 없으며 불생불멸 그대로입니다. 이렇게 하여 우주는 이대로가 불교에서 말하는 상주불멸이 안 되려야 안 될 수 없습니다.

그러면 아인슈타인의 등가원리가 없었으면 불생불멸이라는 것은 거짓말인가? 그것은 아닙니다. 부처님께서는 3천 년 전에 진리를 깨쳐서 이루 말할 수 없는 혜안慧眼으로 우주 자체를 환히 들여다본 그런 성인이십니다. 그래서 일체 만법 전체가 그대로 불생불멸이라는 것을 선언하였습니다.

그러나 보통사람들은 그런 정신력을 갖지 못했기 때문에 3천여 년 동안을 이리 연구하고 저리 연구하고 연구와 실험을 거듭한 결과, 이 자연계를 구성하고 있는 근본 요소인 에너지와 질량이 둘이 아니고 질량이 에너지이고 에너지가 질량인 동시에 서로 전환하면서 증감이 없으므로 부처님이 말씀하신 불생불멸이라는 그 원리가 과학적으로 입증되었습니다.

그러니 원자물리학이 설사 없었다고 하더라도 그것은 사람들이 이해를 못해서 그런 것이지 부처님이 본시 거짓말을 할 그런 분이 아니다 이 말입니다. 요즘 그냥 불교 원리를 이야기하면 "너무 어려워서 알 수 없다."는 말을 많이 하기 때문에 내가 한 가지 예로써 불교의 근본 원리인 불생불멸의 원리를 상대성이론, 등가원리에서 입증하여 설명해 주고 있는 것입니다. 그러니 불교라는 것은 허황한 것이 아니고 거짓말이 아니고, 과학적으로도 우리가 이해할 수 있는 것이라는 뜻입니다.

흔히 또 이렇게도 말합니다. 불교란 것이 어떤 것인지 알 수 없지만 말을 들어보자면 너무 높고, 너무 깊고, 너무 넓다고 합니다. 그리하여 현실적으로는 거짓말 같고 허황하여 꼭 무슨 번갯불에 콩 구워 먹는 식으로 접근하기가 어렵다고 합니다.

그렇지만 지금 내가 설명한 것처럼 불교의 근본 원리인 불생불멸, 이것이 상대성이론에서 출발하여 현대 원자물리학에서 과학적으로 완전히 증명이 된 것입니다. 그런데도 이러한 불교 원리가 현실에 적용되지 않는다고 해서는 곤란합니다. 과학이 발달함에 따라 불교의 모든 이론을 증명해 준다고 하기에는 이르지만 불교 원리를 설명하는 데 많은 도움을 주고 있고, 또 현대물리학이 불교에 자꾸 접근해 오고 있는 것만은 사실입니다.

우리 불자들은 이런 훌륭한 부처님의 가르침을 만나게 된 것을 다행스럽게 생각하고 더욱 힘써 정진해야 합니다.

중생과
부처의 차이

불교라고 하면 부처님이 근본입니다. "어떤 것이 부처냐." 하고 묻는다면 여러 가지로 대답할 수 있지만 실제로 부처라는 그 구체적인 내용을 말하기는 좀 곤란한 것입니다. 그러나 불교의 근본 원리 원칙을 생각한다면 곤란할 것도 없습니다.

모든 번뇌망상 속에서 생활하는 것을 중생이라 하고 일체의 망상을 떠난 것을 부처라고 합니다. 모든 망상을 떠났으므로 망심이 없는데 이것을 무심無心이라고 하고 무념이라고도 합니다. 중생이란 망상 속에서 생활하고 있습니다. 그러면 중생이라는 한계는 어디까지인가?

저 미물인 곤충에서부터 시작해서 사람을 비롯하여 십지등각十地等覺까지 모두가 중생입니다. 참다운 무심은 오직 제

8아뢰야 근본 무명까지 완전히 끊은 구경각究竟覺, 즉 묘각妙覺만이 참다운 무심입니다. 이것을 부처님이라고 합니다.

그러면 망상 속에서 사는 것을 중생이라고 하니 망상이 어떤 것인지 좀 알아야 되겠습니다. 보통 팔만사천 번뇌망상이라고 하는데, 이것을 구분하면 크게 두 가지로 나눌 수 있습니다.

첫째는 의식意識입니다. 생각이 왔다 갔다, 일어났다 없어졌다 하는 이것이 의식입니다. 둘째는 무의식無意識입니다. 무의식이란 의식을 떠난 아주 미세한 망상입니다. 그래서 불교에서는 의식을 제6식第六識이라 하고 무의식을 제8식아뢰야식이라고 하는데, 이 무의식은 참으로 알기가 어렵습니다. 8지보살도 자기가 망상 속에 있는 것을 모르고 아라한阿羅漢도 망상 속에 있는 것을 모르며 오직 성불한 분이라야만 근본 미세망상을 알 수 있습니다.

앞에서 이야기했듯이 곤충 미물에서 시작해서 십지, 등각까지 전체가 망상 속에서 사는데, 7지보살까지는 의식 속에 살고 8지 이상, 10지, 등각까지는 무의식 속에서 삽니다.

의식세계든 무의식세계든지 전부 유념有念인 동시에 모든 것이 망상입니다. 그러므로 제8아뢰야 망상까지 완전히 끊으면 그때가 구경각이며 묘각이며 무심입니다.

무심의 내용은 무엇인가? 이것은 거울에 비유할 수 있습니다. 불교에서는 본래의 마음자리를 흔히 거울에 비유합니다. 거울은 언제든지 항상 밝아 있습니다. 거기에 먼지가 쌓이면 거울의 환한 빛은 사라지고 깜깜해서 아무것도 비추지 못합니다. 망상은 맑은 거울 위의 먼지와 마찬가지이고, 무심이란 것은 거울 자체와 같습니다.

이 거울 자체를 불성佛性이니 본래면목本來面目이니 하는 것입니다. 모든 망상을 다 버린다는 말은 모든 먼지를 다 닦아낸다는 말입니다. 거울에 끼인 먼지를 다 닦아내면 환한 거울이 나타납니다. 그리고 동시에 말할 수 없이 맑고 밝은 광명이 나타나서 일체 만물을 다 비춥니다.

우리 마음도 이것과 똑같습니다. 모든 망상이 다 떨어지고 제8아뢰야식까지 완전히 떨어지면 크나큰 대지혜 광명이 나타나게 됩니다. 이것은 비유하자면 구름 속의 태양과 같습니다. 구름 다 걷히면 태양이 드러나고 광명이 온 세계를 다 비춥니다. 이와 같이 우리의 마음도 모든 망상이 다 떨어지면 대지혜 광명이 나타나서 시방법계十方法界를 비춘다는 말입니다.

이처럼 일체 망상이 모두 떨어지는 것을 '적寂'이라 하고, 동시에 대지혜 광명이 나타나는데 이것을 '조照'라고 합니다. 이것을 적조寂照 혹은 적광寂光이라고 하는데, 고요하면서 광명이 비치고 광명이 비치면서 고요하다는 말입니다.

우리 해인사 큰 법당을 '대적광전大寂光殿'이라고 하는데 부처님이 계시는 곳이란 뜻입니다. 이것이 무심의 내용입니다. 무심이라고 해서 저 바위처럼 아무 생각 없는 그런 것이 아니고 일체 망상이 다 떨어진 동시에 대지혜 광명이 나타나는 것을 말합니다.

흔히 사람이 죽는 것을 열반이라고 하는데, 죽어서 아무것도 없는 것은 열반이라고 하지 않습니다. 모든 망상이 다 떨어지면서 동시에 광명이 온 법계를 비추는 적조가 완전히 구비되어야 참다운 열반입니다.

고요함[寂]만 있고 비춤[照]이 없는 것은 불교가 아니고 외도外道입니다. 일체 망상을 떠나서 참으로 견성을 하고 열반을 성취하면 일체의 속박에서 벗어나 대자유인이 되는데, 이것을 해탈이라고 합니다.

해탈이란 결국 『기신론起信論』에서 간단히 요약해서 말씀한 대로 "일체 번뇌망상을 다 벗어나서 구경락인 대지혜 광명을 얻는다[離一切苦 得究竟樂]." 이 말입니다.

이상으로써 성불이 무엇인지 무심이 어떤 것인지 대강

짐작할 수 있을 것입니다. 누구든지 참으로 불교를 하는 사람이라면 그 근본이 성불에 있는 만큼 실제로 적조를 내용으로 하는 무심을 실증實證해야 합니다. 그렇다면 어떤 사람에게는 이런 능력이 있고 어떤 사람에게는 이런 능력이 없는 것인가? 근본은 누구든지 다 평등합니다. 평등할 뿐만 아니라 내가 항상 말하듯이 중생이 본래 부처이지, 중생이 변하여 부처가 되는 것이 아닙니다.

다시 명경明鏡을 예로 들겠습니다. 이것은 새삼 내가 지어낸 얘기가 아니고 불교에서 전통적으로 말해 오고 있는 것입니다.

명경은 본래 청정합니다. 본래 먼지가 하나도 없습니다. 동시에 광명이 일체 만물을 다 비춥니다. 그러니 광명의 본체는 참다운 무심인 동시에 적조, 적광, 정혜등지定慧等持이고 불생불멸 그대로입니다.

그런데 중생이 참으로 청정하고 적조한 명경 자체를 상실한 것처럼 된 것은 무엇 때문인가? 아무리 깨끗한 명경이라도 먼지가 앉으면 명경이 제 구실을 못합니다. 그러나 본래의 명경은 조금도 변함이 없습니다. 먼지가 앉아 있어서 모든 것을 비추지 못한다는 것뿐이지 명경에는 조금도 손실이 없습니다. 먼지만 싹 닦으면 본래의 명경 그대로 아닙니까? 그래서 중생이 본래 부처라는 것은 명경이 본래 깨끗하다는 것을 의미합니다.

그렇다면 자성自性이 본래 청정한데 어찌해서 중생이 되었나? 먼지가 앉아 명경의 광명을 가려서 그런 것뿐이지 명경이 부서진 것도 아니고 흠이 생긴 것도 아닙니다. 다만 먼지가 앉아서 명경이 작용을 완전하게 못한것 뿐입니다.

그러니 우리가 참다운 명경을 구하려면 다시 새로운 명경을 만드는 게 아니고 먼지 낀 거울을 회복시키면 되는 것처럼 본래의 마음만 바로 찾으면 그만입니다.

내가 항상 "자기를 바로 봅시다" 하고 말하는데, 먼지를 완전히 닦고 본래 명경만 드러나면 자기를 바로 보게 되는 것입니다. 마음의 눈을 뜨라고 할 때 마음의 눈이란 것도 결국 무심을 말하는 것입니다. 표현이 천 가지 만 가지 다르다고 해도 내용은 일체가 똑같습니다.

그러면 우리 불교에서 말하는 무심은 세속의 사상과는 어떤 관계가 있는가를 생각해 봐야 하겠습니다. 예전의 고인들의 책이나 얘기를 들어볼 것 같으면 유교·불교·도교, 유불선 3교가 다르지 않다고 얘기합니다. 그러나 그것은 천부당만부당합니다. 유교나 도교 등은 망상을 근본으로 하는 중생세계에서 말하는 것으로 모든 이론, 모든 행동이 망상으로 근본을 삼고 있습니다.

그러나 모든 망상을 떠난 무심을 증득한 것이 우리 불교입니다.

비유를 하자면 유교니 도교니 하는 것은 먼지 앉은 그 명경으로써 말하는 것이고 불교는 먼지를 깨끗이 닦은 명경에서 하는 소리인데, 먼지 덮인 명경과 먼지를 깨끗이 닦은 명경이 어떻게 같습니까? 그런데도 유·불·선이 꼭 같다고 한다면 그것은 불교의 무심을 모르고 하는 말입니다. 십지등각도 중생의 경계인데 유교니 도교니 하는 것은 더 말할 것 있습니까?

중생의 경계, 그것이 진여자성을 증득한 대무심경계와 어떻게 같을 수 있습니까. 그리고 예전에는 유·불·선 3교만 말했지만 요즘은 문화가 발달되고 세계의 시야가 더 넓어지지 않았습니까. 온갖 종교가 다 있고 온갖 철학이 다 있는데 그것들과 불교와는 어떤 관계가 있는가?

동서고금을 통해서 어떤 종교, 어떤 철학 할 것 없이 불교와 같이 무심을 성취하여 거기서 철학을 구성하고 종교를 구성한 것은 없습니다. 서양의 어떤 큰 철학자, 어떤 위대한 종교가, 어떤 훌륭한 과학자라고 해도 그 사람들은 모두가 망상 속에서 말하는 것이지 망상을 벗어난 무심경계에서 한 소리는 한마디도 없다는 말입니다.

내가 처음에 이야기했듯이 불교에는 부처님이 근본인데 부처님이란 무심이란 말입니다. 모든 망상 속에 사는 것을 중생이라 하고 일체 망상을 벗어난 무심경계를 부처라고 합니다. 불교에서는 무심이 근본이니만큼 불교를 내놓고는 어떤 종교, 어떤 철학도 망상 속에서 말하는 것이지 무심을 성취해서 말하는 것은 없습니다. 이것을 혼돈해서는 안 되겠습니다. 그만큼 불교란 것은 어떤 철학이나 어떤 종교도 따라올 수 없는 참으로 특출하고 독특한 것이 있습니다.

그러면 이제 망상 속에서 하는 것하고 망상을 완전히 떠난 것하고를 비교해서 생각해 봅시다. 다시 명경을 비유로 들겠습니다.

명경에 먼지가 앉으면 모든 것을 바로 비추지 못합니다. 먼지를 안 닦고 때가 앉아 있으면 무슨 물건을 어떻게 바로 비출 수 있겠습니까? 모든 물건을 바로 비추려면 먼지를 깨끗이 닦아내야 합니다. 이와 마찬가지로 망상 속에서는 모든 사리事理, 모든 원리, 모든 진리를 바로 볼 수 없습니다. 망상이 눈을 가려서 바로 볼 수 없습니다. 모든 진리를 알려면 망상을 벗어나서 무심을 증명하기 이전에는 절대로 바로 알 수 없습니다. 구경각을 성취하여 무심을 완전히 증득한 부처님 경계 이외에는 전부 다 삿된 지식이요, 삿된 견해[邪知邪見]입니다.

대신 모든 번뇌망상을 완전히 떠나서 참다운 무심을 증득한 곳, 즉 먼지를 다 닦아낸 깨끗한 명경은 무엇이든지 바로 비추고 바로 알 수 있습니다. 이것을 정지정견正知正見이라고 합니다.

이렇게 볼 때 세상의 모든 종교나 철학은 망상 속에서 성립된 것인 만큼 사지사견이지 정지정견이라고는 할 수 없습니다. 정지정견은 오직 불교 하나뿐입니다. 바로 보지 못하고 바로 알지 못하면 행동도 바로 못합니다.

생각해 보십시오. 눈감은 사람이 어떻게 바로 걸을 수 있겠습니까? 먼지 앉은 명경이 어떻게 바로 비출 수 있겠습니까? 망상이 마음을 덮고 있는데 어떻게 바로 알 수 있으며, 어떻게 바로 볼 수 있으며, 바른 행동을 할 수 있겠습니까? 그러므로 바른 행동이라 하는 것은 오직 참으로 무심을 증해서 적광적조寂光寂照를 증하기 전에는 올바른 행동을 할 수 없습니다.

그렇다면 어떤 것이 부처냐? 하고 물었을 때 바로 앉고, 바로 보고, 바로 행하고, 바로 사는 것이 부처인 것입니다. 결국 우리는 누구나 다 바로 알고 싶고, 바로 보고 싶고, 바로 살고 싶을 것입니다. 그러나 마음의 눈이 캄캄해서 눈감은 봉사가 되어 있는데 어떻게 바로 살 수 있겠습니까?

쉽게 말하자면 바른 생활을 하자는 것이 불교인데 망상 속에서는 바른 생활을 할 수 없다 이 말입니다. 오직 무심을 증해야만 바른 생활을 할 수 있는 것입니다. 십지등각도 봉사입니다. 부처님께서 항상 말씀하셨습니다. 십지등각이 저 해를 보는 것은 비단으로 눈을 가리고 해를 보는 것과 같아서, 비단이 아무리 엷어도 해를 못 보는 것은 보통의 중생과 똑같습니다. 그래서 십지등각이 사람을 지도하는 것도 봉사가 봉사를 이끄는 것과 마찬가지입니다. 사람을 바로 이끌려면 자기부터 눈을 바로 떠야 하고, 바로 알아, 바로 행동해야 되겠습니다.

이제 지금까지 이야기한 것을 간추려 보면, 망상 속에 사는 것을 중생이라 하고 모든 망상을 벗어난 것을 부처라 합니다. 모든 망상이 없으니 무심입니다. 그러나 그 무심은 목석木石과 같은 무심이 아닙니다. 그것은 거울의 먼지를 완전히 다 닦아버릴 것 같으면 모든 것을 비추는 것과 같으며, 구름이 걷히어 해가 드러나면 광명이 비치는 것과 같습니다.

모든 망상이 나지 않는 것을 불생不生이라 하고, 대지혜 광명이 항상 온 우주를 비추는 것을 불멸不滅이라 하는데, 이것이 무심의 내용입니다. 이 무심은 어떤 종교, 어떤 철학에도 없고 오직 불교밖에 없습니다. 또 세계적으로 종교도 많고 그 교주들의 안목도 각각 차이가 있습니다마는 모두가 조각조각 한 부분밖에 보지 못했단 말입니다.

불교와 같이 전체적으로 눈을 뜨고 청천백일靑天白日같이 천지만물을 여실히 다 보고 말해 놓은 것은 실제 없습니다. 그러니 우리 불자들은 자부심을 가지고 노력해서 실제 무심을 증해야 되겠습니다. 밥 이야기 천날 만날 하면 무슨 소용이 있습니까, 직접 밥을 떠먹어야지요. 그렇다고 해서 없는 무심을 만들어 내라는 것이 아닙니다. 우리 자신이 본래 무심입니다. 이것이 불교의 근본 입장입니다.

내가 자꾸 "중생이 본래 부처다" 하니까 "우리가 보기에는 중생들밖에 없는데 중생이 본래 부처란 거짓말이 아닌가?" 하고 오해할 수도 있겠습니다마는, 앞서 명경의 비유는 좋은 비유가 아닙니까. 먼지가 앉은 중생의 명경이나 먼지가 다 닦인 부처님 명경이나 근본 명경은 똑같습니다. 본시 이 땅 속에 큰 금광맥이 있는 것입니다. 광맥이 있는 줄 알면 누구든지 금덩이를 파려고 호미라도 들고 달려들 것

아닙니까,

우리가 '성불! 성불!' 하는 것도 중생이 어떻게 성불하겠느냐 할지 모르나 그게 아닙니다. 본래 부처입니다. 그러니 본래면목, 본래의 모습을 복구만 하면 되는 것입니다. 우리가 본래 부처란 것을 확실히 자신하고 노력하면 본래 부처가 그대로 드러날 것이니 자기의 본래 모습을 바로 볼 수 있는 것입니다. 그러니 딴 것은 아무것도 없습니다.

오직 화두만 부지런히 하여 우리의 참모습인 무심을 실증합시다.

현실이
곧 절대다

> 중생을 제도하기 위하여
> 방편으로 열반을 나타내지만
> 실제는 내가 죽지 않고
> 항상 여기서 법을 설한다

 이 게송이 무슨 뜻인가 하면 부처님께서 무량아승지겁 전부터 성불하였을 뿐만 아니라 미래겁이 다하도록 절대로 멸하지 않고 여기 계시면서 항상 법문을 설한다는 것입니다.
 '여기'라 함은 부처님 계신 곳을 말함이지 인도를 말하는 것도 아니고 한국을 말하는 것도 아닙니다. 부처님이 나타나 계시는 곳은 전부 여기입니다. 부처님께서는 천백억 화신을 나타내어 시방법계에 안 나타나는 곳이 없으시니까 시방법계가 다 여기입니다. 그래서 이것을 상주불멸이라고 하였습니다. 항상 머물러 있으면서 절대로 멸하여 없어지지 않는다는 것입니다.

과거에도 상주불멸, 미래에도 상주불멸, 현재에도 상주불멸 이렇게 되면 일체 만법이 불생불멸 그대로입니다. 나지도 않고 멸하지도 않는다는 말입니다. 그래서 영원토록 화장찰해華藏刹海, 무진법계, 극락정토, 뭐라고 말해도 좋은 것입니다. 이름이야 뭐라고 부르든 간에 과거, 현재, 미래를 통해서 부처님은 항상 계시면서 설법을 하고 계시는 것입니다.

그러면 이것은 석가모니라고 하는 개인 한 사람에게만 해당되는 것인가? 아닙니다. 삼라만상 일체가 다 과거부터 현재 미래 할 것 없이 항상 무진법문을 설하고 있으며 무량불사無量佛事를 하고 있는 것입니다. 심지어는 저 산꼭대기에 서 있는 바위까지도 법당 안에 계시는 부처님보다 몇 백 배 이상 가는 설법을 항상 하고 있습니다. 바위가 설법한다고 하면 웃을지도 모르겠습니다. 바위가 무슨 말을 하는가 하고 말입니다. 그러나 실제 참으로 마음의 눈을 뜨고 보면, 눈만 뜨이는 것이 아니라 마음의 귀도 열립니다. 그러면 거기에 서 있는 바위가 항상 무진설법을 하는 것을 다 들을 수 있습니다. 이것을 불교에서는 무정설법無情說法이라고 합니다.

유정有情, 즉 생물은 으레 움직이고 소리도 내고 하니 설법을 한다고 해도, 무정물無情物인 돌이나 바위, 흙덩이는 움직이지도 않으면서 무슨 설법을 하는가 생각할 것입니다. 그러나 불교를 바로 알려면 바위가 항상 설법하는 것을 들어야 합니다. 그뿐 아닙니다. 모양도 없고 형상도 없고 보려고 해도 볼 수 없는 허공까지도 항상 설법을 하고 있습니다.

이렇게 되면 온 시방세계에 설법 안 하는 존재가 없고 불사佛事 안 하는 존재가 하나도 없습니다. 이것을 알아야만 불교를 바로 알 수 있는 것입니다. 이렇게 되면 누구를 제도하고 누구를 구원한다고 하는 것은 모두 부질없는 짓입니다. 오직 근본요根本要는 어디 있느냐 하면 본래면목本來面目, 본래부터 성불한 면목, 본지풍광本地風光, 본래부터가 전체 불국토라는 것, 이것만 바로 알면 되는 것이지 다른 것은 아무것도 소용없습니다.

그런데 이렇게 생각하는 사람도 있을 것입니다.

'참 좋은 법이야. 우리 모두가 불국토에 살고, 우리 전체가 모두 부처라고 하니 노력할 것이 뭐 있나. 공부도 할 것 없고, 이래도 좋고, 저래도 좋고, 아무래도 안 좋은가.'

이는 근본을 몰라서 하는 소리입니다. 본래 부처이고, 본래 불국토이고, 본래 해가 떠서 온 천지를 비추고 있지만 눈감은 사람은 광명을 볼 수 없습니다. 자기가 본래 부처이지만 눈감고 있으면 캄캄한 것입니다. 비유하자면 맑긴 거울에 먼지가 꽉 끼어 있는 것과 같습니다. 거울은 본래 깨끗하고 말갛기 때문에 무엇이든지 있는 대로 다 비춥니다. 그렇지만 거기에 먼지가 꽉 끼어 있으면 아무것도 비추지 못합니다. 명경明鏡에 때가 꽉 끼어 있으면 아무것도 비추지 못하는 것, 여기에 묘妙가 있습니다.

그러므로 본래 부처라는 이것만으로는 안 됩니다. '내가 본래 부처다, 내가 본래 불국토에 산다' 이것만 믿고 '나는 공부를 안 해도 된다', '눈뜰 필요 없다' 이렇게 되면 영원히 봉사를 못 면합니다. 영원토록 캄캄 밤중에 살게 되는 것입니다. 그러나 한 가지 자신을 가질 수 있습니다. 설사 우리가 눈을 감고 앉아서 광명을 보지 못한다고 해도 광명 속에 산다는 것, 광명 속에 살고 있으니 눈만 뜨면 그만이라는 것, 설사 내가 완전한 부처의 행동을 할 수 없고 불국토를 보지 못한다고 해도 본래 부처라는 것, 본래 불국토에 산다는 그런 자신을 가질 수 있습니다. 다만 한 가지 흠이라는 것은 눈을 뜨지 못하여 그것을 보지 못하고, 쓰지 못하는 것입니다.

 아무리 쓰지 못한다고 하지만 전후좌우에 황금이 꽉 차 있는 것을 알고 있으면 눈만 뜨면 그 황금이 모두 내 물건 내 소유이니 얼마나 반가운 소식입니까? 이것을 철학적으로 말하자면, '현실 이대로가 절대다' 하는 것입니다. 즉 현실 이대로가 불생불멸인 것입니다. 전에도 얘기한 바 있습니다. 현실 이대로가 절대이고 현실 이대로가 불생불멸인데, 이 불생불멸의 원리는 자고로 불교의 특권이요, 전용어가 되어 있다고.

 그러나 과학이 발달함에 따라 원자물리학에서도 자연계는 불생불멸의 원리 위에 구성되어 있음을 증명하게 된 것입니다. 그것이 과학적으로 증명되었다고 해서 불교가 수승하다 하는 것이 아닙니다. 불교에 원래 그런 원리가 있는데 요즘 과학이 실험에 성공함으로써 불교에 가까이 온 것뿐입니다.

 그러니까 부처님께서는 이미 2,500여 년 전에 우주법계의 불생불멸을 선언하셨고, 과학은 오늘에 와서야 자연의 불생불멸을 실증함으로써 시간의 차이는 있으나 그 내용은 서로 통하고 있습니다.

자유로
가는 길

1. 큰 신심

그러면 자기 개발, 우리가 가지고 있는 무한한 능력의 개발이라는 큰 과제를 두고서, 우리는 어떠한 결심을 해야 되는가? 우리가 어떤 결심을 해야만 자기 능력을 완전히 개발하여 불보살이 되고 조사가 되고 그리고 선지식이 되어 미래겁이 다하도록 일체 중생을 위해서 살 수 있는가?

법을 위해서 몸을 잊어버려야만[爲法忘軀] 대도를 성취할 수 있습니다. 모든 행동의 근본이 되는 몸까지도 잊어야만 비로소 대도를 성취할 수 있습니다.

가장 좋은 보기로 부처님을 들 수 있습니다. 대도를 위해서 왕자를 버리고 천추만세에 일체 중생을 위해서 얼마나 큰 공을 이루었습니까? 근대에 와서는 오직 진리를 위해서 모든 것을 다 버린 사람, 법을 위해서 몸을 버린 사람으로 청나라 태종 순치 황제를 보기로 들 수 있습니다. 만주족이 만주에서 일어나 18년 동안 싸워 중국을 통일하여 대청제국을 건설하였는데, 그 세력 판도는 남·북만주, 내·외몽골, 서장, 안남에 이르러서 중국 역사에서는 말할 것도 없고 세계 역사에서 가장 큰 제국을 건설했습니다.

그런 순치 황제가 대청제국 창업주의 영광을 차버리고 출가를 했습니다. 본디부터 불교에 관심이 있었던 그는 부귀영화란 일시적인 것이며, 또 대청제국의 황제 노릇도 영원에서 영원으로 계속되는 무한한 시간에 비하면 눈 깜짝할 사이의 일이며, 아이들의 장난일 뿐이라고 깊이 통찰했습니다. 그래서 황제는 굳은 각오로 곤룡포를 벗어 던지고 야반도주를 했습니다. 그리하여 자기 모습을 감추고 금산사에 가서 나무꾼이 되어 머슴살이로 스님들 시봉을 하면서 공부를 했습니다. 그때 출가시를 썼습니다.

나는 본래 인도의 수도승인데
무슨 인연으로 타락해서 제왕이 되었는가.

천자 되는 것을 타락 중에서도 가장 큰 타락이라고 표현하였으니 이것이야말로 참되게 수도하는 근본 태도가 되는 것입니다.

요즘 보면 동네 이장만 되어도 만금 천자라도 된 것같이 행세하는 사람들이 많습니다. 부처님을 믿고 부처님을 따른다면 부처님의 각오와 결심을 가져야 하는데, 그 반대로 가는 사람이 많습니다. 참으로 자기를 잊고 무상대도를 성취해서 일체 중생을 위해 이 대도를 위하는 큰 결심을 하는 사람은 거의 없습니다. 불교를 믿는다고 하는 사람들이 장사꾼이나 날품팔이 하는 사람과도 같습니다. 일반 학생들에게 공부하는 목적이 어디 있느냐고 물으면 어느 회사의 직원이 되는 것이라는 식으로 답하곤 하는데, 이런 장사꾼 같은 심리로는 절대 무상대도를 성취할 수 없습니다. 혹 사람의 마음도 모르는 채 넘겨짚거나 너무 무시한다고 항의할 사람이 있을지도 모르겠습니다. 그러나 진실로 그런 사람이 있으면 내가 그 사람보고 뼈가 부러지도록 절하겠습니다. 그런 사람은 참으로 귀하기 때문입니다. 불교를 믿는 데는 만승천자도, 곤룡포도 내버리는 그런 큰 신심이 있어야 합니다.

2. 큰 의심

지금까지 이야기했듯이 불교의 근본은 자기 개발에 있습니다. 초월적인 신은 부정합니다. 부처도 믿지 말고 조사도 믿지 말며, 석가도 필요 없고 조사도 필요 없다는 말은 불교의 근본을 나타내는 말이라고 할 수 있습니다. 오직 자기 자신이 부처님이고 절대자임을 알아야 합니다. 곧 자기 자신이 영원한 생명과 무한한 능력을 가진 사람임을 알아야 합니다.

그러면 어떻게 해야만 자기 개발을 완전히 할 수 있는가? 부처님께서 설하신 팔만대장경이 있으니 그 문자만 많이 독송하면 무심삼매無心三昧를 얻을 수 있는가? 아닙니다. "널리 배워서 아는 것이 많으면 마음이 점점 어두워진다[廣學多知 神識轉暗]."고 부처님께서 말씀하셨습니다. 옛사람들도 말하기를, "도의 길은 날로 덜어 가고 학문의 길은 날로 더해 간다[爲道日損 學爲日益]."고 했습니다. 참으로 깨치는 길은 한 생각 덜어서 자꾸자꾸 덜어 나아가야 하고 학문을 하려면 자꾸자꾸 배워 나아가야 됩니다. 도道와 학學은 정반대의 처지에 서 있습니다. 듣고 보고 하는 것은 무심삼매를 성취하는 데에서 설비상雪砒霜과 같은 극약이나 마찬가지입니다. 우리의 근본 목표인 대도大道를 성취하여 성불하는 데에서 이론과 문자는 장애물이 되지 이로움을 주지 못합니다. "모든 지식과 언설을 다 버리고 오직 마음을 한곳에 모으라."고 부처님께서 말씀하셨습니다. 부처님은 보리수 아래에서 깨달음으로써 성불하였지 이론과 문자를 배워서 성불하였다는 소리는 없습니다.

부처님이 무엇을 깨달았느냐 하면 중도中道를 깨달았습니다. 그 깨달음을 얻으려면 선정禪定을 닦아서, 곧 참선을 해서 무심삼매를 성취해야 됩니다. 무심삼매를 거쳐 진여삼매에 들어가야 하는데, 하물며 망상이 죽 끓듯 하는 데에서 어떻게 진여삼매를 성취하여 중도를 증득한 부처님의 경계를 상상이라도 할 수 있겠습니까? 그럼 교敎라는 팔만대장경은 무엇인가? 그것은 약방문입니다. 약처방이란 말입니다. 그것에 의지해서 그대로 약을 지어 먹어야 병이 낫습니다. 밥 이야기를 천날 만날 해봐야 배부르지 않듯이, 약처방만을 천날 만날 외어보았자 병은 낫지 않습니다. 약을 직접 먹는 것이 실천하는 것이므로 선정을 닦는 좌선을 해야 됩니다. 부처님께서 평생 가르친 것이 이 좌선입니다. 지금도 저렇게 좌선하시며 앉아 있지 않습니까.

1) 아난존자

옛날 스님들은 어떻게 공부해서 어떻게 무심삼매를 성취하여 도道를 이루었는가를 알아볼 필요가 있습니다.

부처님께서 돌아가신 뒤 그 제자들이 부처님이 법문하신 것을 모아 놓은 것이 경經입니다. 그 무렵에는 녹음기도 없고 속기速記하는 사람도 없었지만, 부처님을 30여 년 동안 모시고 다니며 시봉했던 아난존자는 부처님 말씀을 잘 기억하고 있었습니다. 그 총명함은 고금을 막론하고 견줄 데가 없으니 한번 들으면 영원토록 잊지 않았습니다. 그래서 부처님 법문을 결집結集하는데, 대중 모두가 아난이 주동이 되어야 한다고 했습니다. 그런데 가장 윗사람인 상수제자上首弟子인 가섭존자가 소집 단계에 가서 단호히 반대하였습니다.

"아난은 부처님 말씀은 잘 기억하고 있지만 실제 진리는 깨치지 못했으므로 참석할 자격이 없다."

가섭존자는 아난존자가 아무리 부처님 말씀을 잘 기억하지만, 다시 말하여 팔만대장경이 모두 자기 뱃속에 있지만 아직 자기 마음을 깨치지 못한 봉사이므로 이 결집에 참여할 자격이 없으니 아주 나가라고 하였습니다. 이에 아난존자가 애걸복걸하며 말했습니다.

"부처님께서 돌아가시면서 '나의 대법大法을 가섭에게 전했으니 그를 의지해서 공부하라'고 하셨는데 이제 가섭 사형이 나를 쫓아내면 누구를 의지해서 공부하겠습니까?"

그러나 가섭존자는 절대 안 된다고 했습니다. 여기는 불법을 깨친 사자獅子만 사는 사자굴인데 깨치지 못한 여우가 어떻게 살 수 있느냐고 하면서 쫓아내 버렸습니다.

할 수 없이 울며 쫓겨난 아난존자는 비야리 성城으로 갔습니다. 그곳에 가니 국왕이며 대신 등을 비롯한 많은 신도들이 큰스님 오셨다고 오체투지五體投地를 하고 법문을 청하므로, 아난존자는 가섭존자에게서 쫓겨난 것은 다 잊어버리고 잘난 체하며 법문을 했습니다. 이때 그 부근에 발기라고 하는 비구가 있었는데 아난이 그곳에 온 뒤로 많은 신도들이 모여 법석을 떠니 시끄러워 도저히 공부가 안 되었습니다. 그래서 발기 비구가 게송을 하나 지었습니다.

좌선하고 방일하지 말아라
아무리 지껄인들 무슨 소용 있는가.

입 다물고 참선하라는 말입니다. 아난존자가 그 게송을 듣고는 정신이 번쩍 났습니다. 이제 참으로 공부해야겠다고 참회하고는 다른 곳으로 가서 불철주야로 앉아서 정진했습니다. 졸릴 듯 하면 일어나 다니고 다리가 아프면 앉았다 하면서 자꾸 선정을 익혔습니다. 며칠이 되었는지도 모르게 그렇게 여러 날 공부했습니다. 그러다가 나중에는 어찌나 고달픈지 도저히 참을 수 없어서 잠깐 누워 쉬어야겠다고 생각하고 목침木枕을 베려고 턱 드러눕다가 확철히 깨달았습니다. 참으로 무심삼매를 성취한 것입니다. 목침을 집어던지고 밤새도록 걸어서 가섭존자에게 갔습니다. 가섭존자가 몇 가지 시험을 해보니 확철히 깨친 것이 확실하므로 결집하는 사자굴에 참가할 자격을 주었습니다. 경에 보면 '여시아문如是我聞'이라는 말이 있는데 이것은 아난의 말입니다.

 결국 부처님의 십대 제자 가운데 다문제일多聞第一은 아난존자이지만, 근본법은 부처님께서 가섭에게 전했고, 가섭은 다시 아난에게 전했습니다. 곧 부처님은 시조이시고, 초조는 가섭존자, 이조는 아난존자입니다. 아난존자 밑으로 상나화수존자로 이어지고……, 이렇게 해서 정법正法은 28대代 달마대사가 중국에 옴으로써 동토東土에 전해졌습니다. 이 선종이 중국에 소개되어 육조스님 뒤로는 천하를 풍미해서 모든 불교를 지배하게 되었는데, 육조스님은 오조 홍인弘忍 대사 밑의 제일 큰 제자로서 일자무식이었습니다. 당시 홍인스님의 제자로 불교뿐만 아니라 유교와 도교 등에서도 아무도 따라갈 수 없을 정도의 신수神秀라는 대지식가가 있었지만 이 신수스님은 도를 바로 깨치지 못했으므로, 법은 일자무식인 육조스님에게 가고 말았습니다.

2) 덕산스님

중국 선종사에서 보면 임제종을 창설한 임제스님과 운문종·법안종의 종조宗祖되는 덕산德山스님, 이 두 분 스님을 조사들 가운데 영웅이라고 하여 칭송하고 있습니다.

덕산스님은 처음 서촉西蜀에 있으면서 교리 연구가 깊었으며 특히 『금강경』에 능통하여, 세상에서 스님의 속성이 주周씨이므로 주금강周金剛이라고 칭송을 받았습니다. 스님은 그 무렵 남방에서 교학을 무시하고 오직 '견성성불'을 주장하는 선종의 무리가 있다는 말을 듣고 분개하여 평생에 심혈을 기울여 연구한 『금강경소초金剛經疏鈔』를 짊어지고 떠났습니다. 가다가 점심때가 되어서 배가 고픈데 마침 길가에 한 노파가 떡을 팔고 있었습니다.

"점심을 먹으려고 하니 그 떡을 좀 주시오."
하니, 그 노파가 말했습니다.

"내 묻는 말에 대답하시면 떡을 드리지만 그렇지 못하면 떡을 드리지 않겠습니다."

"그럽시다."

"지금 스님의 걸망 속에 무엇이 들어 있습니까?"

"『금강경소초』가 들어 있소."

"그러면 『금강경』에 '과거의 마음도 얻을 수 없고 현재의 마음도 얻을 수 없고 미래의 마음도 얻을 수 없다'고 하는 말씀이 있는데 스님은 지금 어느 마음에 점을 찍으려고 하십니까?"

'점심點心 먹겠다'고 하는 말을 빌려 이렇게 교묘하게 질문한 것입니다. 이 돌연한 질문에 덕산스님은 아무 말도 할 수 없었습니다. 자기가 지금까지 그렇게도 『금강경』을 거꾸로 외고 모로 외고 모르는 것이 없다고 생각했는데 이 떡장수 노파의 한마디에 모든 것이 다 달아나 버렸습니다. 그래서 노파에게 물었습니다.

"이 근방에 큰스님이 어디 계십니까?"

"이리로 가면 용담원龍潭院에 숭신崇信선사가 계십니다."

점심도 먹지 못하고 곧 용담으로 숭신선사를 찾아갔습니다.

"오래 전부터 용담龍潭이라는 말을 들었더니 지금 와서

보니 용龍도 없고 못[潭]도 없구만요."

"참으로 자네가 용담에 왔구먼."

주금강은 또 할 말을 잃어버렸습니다. 그때부터 용담스님 밑에서 공부를 하였는데, 하루는 밤이 깊도록 용담스님 방에서 공부한 뒤에 자기 방으로 돌아가려고 방문을 나섰다가 밖이 너무 어두워 방안으로 다시 들어갔습니다. 그래서 용담스님이 초에 불을 켜서 주는데 덕산스님이 받으려고 하자마자 곧 용담스님이 촛불을 확 불어 꺼버리는 것이었습니다. 바로 이때 덕산스님은 활연히 깨쳤습니다. 그러고는 용담스님께 절을 올리니 용담스님이 물었습니다.

"너는 어째서 나에게 절을 하느냐?"

"이제부터 다시는 천하 노화상들의 말을 의심하지 않겠습니다."

그 다음날 덕산스님이 『금강경소초』를 법당 앞에서 불살라버리며 말하였습니다.

> 모든 현변玄辯을 다하여도
> 마치 터럭 하나를 허공에 둔 것 같고,
> 세상의 추기樞機를 다한다 하여도
> 한 방울 물을 큰 바다에 던진 것과 같다.

모든 변론과 언설이 워낙 뛰어나서 온 천하의 사람이 당할 수 없다고 해도, 깨달은 경지에서 볼 때는 큰 허공 가운데 있는 조그만 터럭과 같다는 것입니다. 자기가 실제로 깨친 것은 저 허공과 같이 광대무변한 것으로, 이 대도라는 것에 비하면 세상의 모든 수단을 다하는 재주가 있다 하여도 그것은 큰 골짜기에 작은 물방울 하나 던지는 것과 같다는 것입니다. 전에는 지식이 장한 줄 알았다가 바로 깨쳐놓고 보니 자기야말로 진짜 마구니의 제자가 되어 있었더라는 것입니다.

덕산스님은 이렇게 깨치고 나서, 사람을 가르치는 데 누구든 어른거리면 무조건 몽둥이로 때렸습니다. 부처님이 와도 때리고 조사가 와도 때리고 도둑이 와도 때리는 미친 사람이 되었습니다. 또한 한 주일마다 온 절 안을 뒤져서 무슨 책이든 눈에 띄기만 하면 모두 불에 넣어버렸습니다. 이 덕산스님의 몽둥이 밑에서 무수한 도인이 나왔습니다. 천하에 유명한 설봉스님, 암두스님이 나왔으며, 운문스님의 운문종과 법안스님의 법안종이 또한 이 몽둥이 밑에서 나왔습니다. 이렇듯 자기 개발이란 오직 마음을 닦아서 삼매를 성취해야 하는 것이지 언어 문자에 있는 것이 절대 아닙니다.

3) 임제스님

 중국에서 선종이 천하를 풍미할 때 선종은 임제종, 조동종, 위앙종, 운문종, 그리고 법안종의 다섯 종파로 나누어져 있었는데, 그 가운데에서도 임제종이 가장 융성했습니다.

 임제종의 종주는 황벽스님의 제자인 임제스님으로, 일찍이 교학을 많이 배운 스님입니다. 스님은 교敎만으로는 부족하고 꼭 선禪을 해서 깨달아야겠다고 생각하고, 유명한 황벽스님을 찾아갔습니다. 황벽스님은 특별한 가르침을 배운 적도 없이, 나면서부터 아는 생이지지生而之知로서, 당시의 천자인 선종禪宗을 두드려 팬 일이 있는 걸출한 선승이었습니다. 이 스님 밑에서 한 3년 열심히 공부를 했습니다. 그때에 황벽스님 회상에는 수좌로 목주스님이 있었는데 임제스님을 격려하기 위해 물었습니다.

 "상좌上座는 여기 온 지가 몇 년이나 되었는가?"

 "삼 년입니다."

 "그러면 황벽스님께 가서 법을 물어본 적이 있는가?"

 "없습니다. 무엇을 물어야 할지를 모르겠습니다."

 "너는 어찌하여 황벽스님에게 가서 '어떤 것이 불법의 긴요한 뜻입니까' 하고 물어보지 아니하였는가?"

 그 말을 듣고 임제스님은 황벽스님에게 가서 똑같이 물

었습니다. 그런데 묻는 말이 미처 끝나기도 전에 황벽스님이 갑자기 몽둥이로 스무 대나 때리는 것이었습니다. 임제스님이 몽둥이만 맞고 내려오니 목주스님이 물었습니다.

"여쭈러 간 일이 어떻게 되었느냐?"

"제가 여쭙는 말이 채 끝나기도 전에 조실 스님이 갑자기 때리시니 그 뜻을 알 수가 없습니다."

"그러면 다시 가서 여쭈어라."

그 말을 듣고 임제스님이 다시 가서 여쭙자 황벽스님은 또 몽둥이로 때렸습니다. 이와 같이 세 번 가서 여쭙고 세 번 다 몽둥이만 맞고 말았습니다. 임제스님이 돌아와서 목주스님께 말했습니다.

"다행히 자비를 입어서 저로 하여금 황벽스님께 가서 문답케 하셨으나 세 번 여쭈어서 세 번 다 몽둥이만 실컷 맞았습니다. 인연이 닿지 않아 깊은 뜻을 깨칠 수 없음을 스스로 한탄하고 지금 떠날까 합니다."

"네가 만약 갈 때는 황벽스님께 꼭 인사를 드리고 떠나라."

임제스님이 절하고 물러가자 목주스님은 황벽스님을 찾아가서 여쭈었습니다.

"스님께 법을 물으러 왔던 저 후배는 매우 법답게 수행하는 사람입니다. 만약 하직 인사를 드린다고 오면 방편으로 그를 제접하여 이후로 열심히 공부케 하면, 한 그루 큰 나무가 되어 천하 사람들을 위해 시원한 그늘이 되어 줄 것입니다."

임제스님이 와서 하직 인사를 드리니 황벽스님이 말씀하셨습니다.

"다른 곳으로 가지 말고 너는 고안高安 개울가의 대우大愚스님에게 가거라. 반드시 너를 위해 말씀해 주실 것이니라."

임제스님이 대우스님을 찾아뵈오니 대우스님이 물었습니다.

"어디서 오는고?"

"황벽스님께 있다가 옵니다."

"황벽이 어떤 말을 가르치던가?"

"제가 세 번이나 불법의 긴요한 뜻이 무엇인가 하고 여쭈었는데 세 번 다 몽둥이만 맞고 말았습니다. 저에게 무슨 허물이 있는지 알지 못하겠습니다."

"황벽이 이렇게 노파심절老婆心切로 너를 위해 철저하게 가르쳤는데 여기 와서 허물이 있는지 없는지를 묻는 것이냐?"

임제스님이 그 말끝에 크게 깨치고 말했습니다.

"원래 황벽의 불법佛法이 별것 아니구나!"

대우스님이 임제의 멱살을 잡고 말했습니다.

"이 오줌싸개 놈아! 아까는 와서 허물이 있는지 없는지를 묻더니 지금은 또 황벽의 불법이 별것 아니라고 하니 너는 어떤 도리를 알았느냐. 빨리 말해 보라, 빨리 말해 보라!"

임제스님은 대우스님의 옆구리를 세 번 쥐어박았습니다. 그러자 대우스님이 멱살 잡은 손을 놓으면서 말했습니다.

"너의 스승은 황벽이지 내가 간여할 일이 아니니라."

임제스님이 대우스님께 하직하고 황벽스님에게 돌아오니, 황벽스님은 임제스님이 오는 것을 보고 물었습니다.

"이놈이 왔다 갔다만 하는구나. 어떤 수행의 성취가 있었느냐?"

"다만 스님의 노파심절 때문입니다."

"어느 곳에서 오느냐?"

"먼젓번에 일러주신 대로 대우스님께 갔다 옵니다."

"대우가 어떤 말을 하더냐?"

임제스님이 그 사이의 일을 말씀드리자 황벽스님이 말했습니다.

"뭣이라고! 이놈이 오면 기다렸다가 몽둥이로 때려 주리라."

그러자 임제스님이 말했습니다.

"기다릴 것 무엇 있습니까, 지금 곧 맞아 보십시오."

하면서 황벽스님의 뺨을 후려치니 황벽스님이 말했습니다.

"이 미친놈이 여기 와서 호랑이 수염을 만지는구나!"

그러자 임제스님이 갑자기 고함을 치니 황벽스님이 말했습니다.

"시자야, 이 미친놈을 끌어내라."

그 뒤 임제스님이 화북華北 지방으로 가서 후배들을 제접하면서 누구든지 앞에 어른거리면 고함을 쳤습니다. 그래서 임제스님이 법 쓰는 것을 비유하여 '우레같이 고함친다[喝]'고 평하였습니다. 그때부터 임제종이 시작되었습니다.

임제스님이 소리 지르는 것[喝], 덕산스님과 황벽스님이 사람 때리는 것[棒], 이 이치를 바로 알면 모든 문제가 해결됩니다. 그전에는 팔만대장경을 거꾸로 외고 모로 외워도 소용없습니다. 지식으로는 박사의 박사를 더한다 해도 소용없으니, 오로지 불법은 깨쳐야 알지 깨치기 전에는 절대 모릅니다.

우리가 가지고 있는 무한한 능력을 다 개발하면 영원토록 대자유, 대자재한 절대적인 행복을 성취할 수 있는데, 그것은 어떤 방법으로 가능한가? 반드시 무심삼매를 성취해야 되고, 이 무심삼매를 성취하려면 오직 마음을 닦아야지 지식과 언설로써는 절대로 안 됩니다.

화두참구법

1. 공부할 때 피해야 할 세 가지

화두 공부는 어떻게 해야 하는가?

먼저 공부하는 데 가장 방해되는 것 세 가지가 있습니다. 이 세 가지를 피해서 화두 공부하는 기초로 삼아야 합니다.

첫째는 돈입니다. 공부하는 사람 눈에 돈이 보이면 공부는 그만입니다. 세상이 시끄럽고 어려운 일을 겪는 것도 그 근본을 따지고 보면 전부 돈 때문입니다. 참으로 돈을 독사보다 무서워하고 비상砒霜보다 겁을 내야 합니다. 돈에 끄달리지 않고 돈을 멀리하고 초탈한 그런 사람이면 대도大道를 성취하지 않으려야 않을 수 없습니다.

그런데 현실은 돈만 보면 모두 거꾸러지고, 돈만 보면 모두 미쳐버립니다. 황금흑리심*이라는 옛말도 있습니다. 누런 황금이 관리의 마음을 검게 한다는 말입니다. 요즈음 내가 보기에는 황금살승심黃金殺僧心, 곧 돈이 수도자의 마음을 다 죽인다고 하는 말이 맞을 것 같습니다. 그러니 무엇보다도 이 돈에 대해 철저하게 끄달리지 않는다면 공부할 기본이 좀 있다고 하겠습니다.

둘째는 이성입니다. 남자에 대해서는 여자이고, 여자에 대해서는 남자입니다. 대대로 도를 성취하려면 이성을 가깝게 하지 말라고 말해 왔습니다. 부처님께서도 일찍이 이렇게 말씀하셨습니다.

여자 같은 장애물이 두 가지만 되어도 성불할 사람 아무도 없다.

어떤 사람은 이렇게 말합니다.
"그건 본능이야, 본능! 배고픈데 밥 안 먹고 살 수 있어?"
하지만 본능이라도 다릅니다. 밥 안 먹고는 살지 못하지

---

* 황금살승심(黃金黑吏心): 5언시로 이루어진 『추구推句』에 나오는 구절

만 이성은 없어도 얼마든지 살 수 있습니다. 도를 성취하려면 반드시 이성을 멀리해야지, 그렇지 않으면 성취하지 못한다는 말입니다. 수행자라면 전혀 이성을 생각하면 안 될 일이고 재가자라면 배우자 이외에는 생각도 말아야 합니다. 재가자라도 기도 기간이나 큰마음을 내어 공부에 전념할 때는 이성을 멀리 해야 합니다.

마지막 한 가지는 명예입니다. 바로 이름병입니다.

이것은 단수가 높습니다. 돈도 필요 없다, 여자도 내 앞에서는 어른거리지 못한다고 큰소리치지만, 그 사람의 내부 심리를 현미경이나 엑스레이 기계로 들여다보면,

"내가 이토록 참으로 장한 사람이니 나는 큰스님이고 도인이다."

하는 이름을 내기 위해서 그런 행동을 하고 생활을 하는 경우가 있습니다. 병 가운데서도 재물병과 여자병, 이 두 가지보다도 더 무서운 것이 바로 이름병입니다.

계행이 청정하여 돈도 필요 없다, 여자도 감히 어른거리지 못한다고 하면 천하제일의 큰스님이 되는 것 아니겠습니까? 그렇지만 "큰스님, 큰스님" 하면서 앞에 와서 자꾸 절을 하면 그만 사리분별이 없어집니다. 여자와 재물은 벗어나도 대접받는 일에서는 벗어나기 참 힘든 법입니다.

실제로 재물병과 여자병은 결심만 단단히 하면 벗어날 수 있습니다. 이런 병에 걸리면 주위에서 남들이 욕이라도 하지만, 이름병에 걸리면 남들이 더 칭찬해 주니, 그럴수록 이름병은 참으로 고치기 어려운 것입니다. 책을 좀 보아서 말주변이나 늘고 또 참선이라도 해서 법문을 하게 되면 그만 거기에 빠져버리는데, 이것도 일종의 명예병입니다. 이리하여 평생 잘못된 생활이 굳어버립니다. 자기만이 아니라 남도 그렇게 만들어버립니다. 그러다 보면 큰스님 소리 듣고 대접받는 데 정신없다가, 마침내는 부처님이 성취하신 것과 같은 참다운 그런 대자유를 성취하지 못하는 것입니다. 그래서 옛날 스님들이 재물병이나 여자병보다도 명예병이 더 무섭고 고치기 어렵다고 하였습니다.

이러니 우리가 서로서로 반성하여 이 세 가지를 완전히 벗어나서 참으로 출격 대장부가 되어 크게 자유자재한 해탈도를 성취하여야 하겠습니다.

2. 수좌 5계

화두 공부하는 사람이 지켜야 할 5계가 있습니다. 흔히 공부하는 스님들이 와서 공부가 잘 되지 않는다고 하면 공부하는 데 5계를 한번 지켜보라고 말해줍니다.

첫째, 잠을 적게 자야 합니다.

세 시간 이상 더 자면 그건 수도인이 아닙니다. 살면서 뭔가를 성취하려고 해도 잠을 줄여가면서 노력하는 법인데 대자유를 얻겠다는 화두 공부를 하면서 잘 것 다 자면 그건 욕심입니다.

둘째, 말하지 말아야 합니다.

말할 때는 화두가 없어지는 법이니 좋은 말이든 궂은 말이든 남과 말하지 말아야 합니다. 공부하는 사람끼리는 싸움한 사람같이 하라고 합니다. 무슨 말이든 하지 말라는 뜻입니다.

셋째, 문자文字를 보지 말아야 합니다.

부처님 경經도 보지 말고 조사어록도 보지 말고, 신문잡지는 말할 것도 없습니다. 참으로 참선하여 자기를 복구시키면, 이 자아라는 것은 팔만대장경을 다 동원해도 설명할 수 없고 소개할 수 없는 것입니다. 세속적인 어떤 문장이나 부처님이라도 다 설명할 수 없습니다. 자아를 완전히 깨치려면 불법도 버려야 합니다. 불교를 앞세우면 그것이 또 장애가 되기 때문입니다. 참으로 깨끗한 자아에 비춰 보면 이런 것들이 모두 먼지이고 때라는 말입니다. 오직 화두만 해야 합니다. 내가 자꾸 문자를 보지 말라고 하니 아예 불교는 하나도 모르면서 화두로 바로 뛰어드는 사람도 있는 모양인데, 문자를 보지 말라는 것은 화두 공부할 때 이야기입니다. 일단 기본적인 불교 소양을 갖추고 화두 공부에 뛰어들면, 절대로 문자를 보아서는 안 된다는 말입니다.

넷째, 과식하지 말고 간식하지 말아야 합니다.

음식은 건강유지만 될 정도만 먹지, 과식하면 잠이 자꾸 오고 마음이 가라앉아서 안 됩니다. 소식小食이 건강에도 좋고 장수비결입니다.

다섯째, 돌아다니지 말아야 합니다.

해제하면 모두들 제트기같이 달아나는데, 그러면 안 됩니다. 더욱이 안거 중에 돌아다니는 것은 어머니 뱃속에서 10달도 되기 전에 배 째고 나온 것과 같습니다.

이 5계를 못 지키면, 그런 사람은 공부 안 하는 사람입니다. 화두 할 자격도 없습니다. 5계를 지키며 이렇게 10년을 공부하면 성불할 수 있습니다. 이 5계를 수백 명에게도 더 일러주었는데, 그대로 지키는 사람은 아직 못 봤습니다. 물론 숨어서 하는 사람도 있겠지만 공부 열심히 하는 사람이 없는 것 같은 생각이 듭니다. 일단 화두 공부하겠다는 결심이 섰으면 이 5계를 철칙으로 삼아야 합니다.

3. 화두 참구의 두 가지 원칙

화두는 우리 공부하는 수좌들의 생명입니다. 참선하는 사람은 많이 봤으나 화두를 제대로 들고 있는지는 한 번 되돌아볼 일입니다.

참선하는 사람 중에 어떤 사람이 있는가 하면 배우지도 않고 자기 마음대로 화두를 만들어 하는 사람이 있습니다.

"요새 뭐 선지식이 있기나 하나? 예전 조사스님들이 제일이지. 책 보고 하는 것이 제일이야."

이러면서 예전 조사스님 어록이니 권위가 서 있을 것이라면서 차라리 책을 의지하는 게 낫지 않을까, 하는 생각에 책을 의지해서 하는 사람이 많습니다. 그러면서 책을 의지해서 화두를 정한 것이지, 책을 의지한 것은 아니라고 말합니다. 책을 보다가 뭔가 의심이 났다든지 그러면 그것을 화두로 만들어서 하는 사람이 더러 있는데 화두라는 것은 반드시 스승에게 배워서 해야지, 마음대로 책을 보고 한다든지 뭘 보고 생각한다든지 해서는 절대로 안 되는 것입니다. 마음대로 하다가 잘 안 되는 때가 오면 병이 나는 수가 있습니다. 어떤 사람은 큰 병이 나기도 합니다. 그래서 첫째는, 화두는 배워서 해야지 마음대로 선택하면 안 됩니다.

화두를 배우면 그 화두를 그대로 오래 계속해야 될 텐데 이 화두 하다가 좀 안 되면 저 화두 좀 배워서 저 화두 하고 하는 사람이 있는데 그것도 안 됩니다. 하나 하다가 잘 안 되니까 또 하나 더 배워서 하면 잘될까 싶어서 배워 해보지만, 해보면 처음에는 잘되는 것 같은데 나중에는 헛일입니다. 또 어떤 사람은 화두를 몇 가지 배워 이것 조금 해보다 저것 조금 해보다 그러는데 그러면 죽도 아니고 밥도 아닌 아무 것도 안 되는 것입니다. 그러니 둘째는, 하나를 배우면 좀 그대로 계속해야 되지 이리저리 화두를 변경시키지 말아야 합니다.

4. 화두를 올바르게 참구하는 법

화두는 글자 자체에 뜻이 있는 것이 아니니 글자에만 빠져서는 안 됩니다. 화두는 암호밀령暗號密令이므로 글자 너머에 있는 뜻을 알아야 합니다.

선종에서 유명한 책인 『벽암록碧巖錄』에 송頌을 붙인 운문종의 설두雪竇스님이 공부하러 다닐 때 어느 절에서 한 도반과 '정전백수자庭前栢樹子', 즉 '뜰앞의잣나무' 화두에 대해 이야기하고 있었습니다. 한참 이야기하다가 문득 보니 심부름하는 행자行者가 빙긋이 웃고 있었습니다. 손님이 간 후에 설두스님이 행자를 불렀습니다.

"이놈아, 스님들 법담하는데 왜 웃어?"

"허허, 눈멀었습니다. 정전백수자는 그런 것이 아니니, 제 말을 들어보십시오."

그러고는 이런 게송을 읊었습니다.

흰토끼가 몸을 비켜 옛 길을 가니
눈 푸른 매가 언뜻 보고 토끼를 낚아 가네.
뒤쫓아 온 사냥개는 이것을 모르고
공연히 나무만 안고 빙빙 도는도다.

'뜰앞의잣나무'라 할 때 그 뜻은 비유하자면 '토끼'에 있지 잣나무에 있는 것이 아닙니다. 그래서 마음 눈 뜬 매는 토끼를 잡아가버리고 멍텅구리 개는 '잣나무'라고 하니 나무만 안고 빙빙 돌고 있다는 것입니다. 나무 밑에 가서 천년만년 돌아봐야 그 뜻은 모르는 것입니다. 이것이 바로 조금 전에 말했듯이 '화두는 암호다' 하는 것입니다. 그러므로 함부로 생각나는 대로 이리저리 해석할 수 없는 것임을 짐작할 수 있을 것입니다.

화두에 대해 또 좋은 법문이 있습니다. 불감혜근 스님의 법문입니다.

> 오색비단 구름 위에 신선이 나타나서
> 손에 든 빨간 부채로 얼굴을 가리었다.
> 누구나 빨리 신선의 얼굴을 볼 것이요
> 신선의 손에 든 부채는 보지 말아라.

신선이 나타나기는 나타났는데 빨간 부채로 낯을 가렸습니다. 신선을 보기는 봐야겠는데, 낯 가리는 부채를 봤다고 신선을 보았다고 말할 수 있겠습니까?

화두에 대해서는 모든 법문이 다 이렇습니다. '정전백수자'니 '삼서근'이니 '조주무자趙州無字'니 하는 것은 다 손에 든 부채입니다. 눈에 드러난 것은 부채일 뿐입니다. 부채 본 사람은 신선을 본 사람이 아닙니다. 빨간 부채를 보고서 신선을 보았다고 하면 그 말을 믿어서야 되겠습니까?

'이뭐꼬' 화두를 예로 들어 보겠습니다.

대부분 '이뭐꼬' 화두를 든다고 하면 그저 "이것이 무엇인고, 이것이 무엇인고?" 이렇게 하는데, 이렇게만 생각하고 있으면, "이것이 무엇인고?" 하면서 가만히 들여다보고

앉아 있는 식이 되어버립니다. 이러다 보면 한 곳에만 마음을 두고 그 고요함에 빠져버리는 폐단이 생깁니다. 그래서 '이뭐꼬'라는 화두 자체가 경계가 되어 "내가 지금 들여다보고 있는 이것이 무엇인고?" 하는 병폐가 따라붙습니다.

또 어떤 경우가 있는가 하면 "보고 듣고 하는 이것이 무엇인고?" 하기도 하는데, 이러면 그저 보고 듣고 하는 경계를 따라서 "이것이 무엇이냐?" 하면서 마음이 산만해지는 병폐가 또 생깁니다.

그래서 '이뭐꼬'를 할 때는 이 병폐 저 병폐를 없애기 위해 예전 조사스님들은 이렇게 하라고 하셨습니다.

> 마음도 아니요, 물건도 아니요, 부처도 아닌 이것이 무엇인고?

"마음도 아니고 물건도 아니고 부처도 아니니, 그러면 이것이 무엇인고?"

이렇게 해야 들여다볼 수도 없고 경계에 따라서 이리저리 따라 갈 수도 없게 되는 것입니다. 한 20년 '이뭐꼬' 화두 하다가 포기하는 사람도 더러 봤습니다. 자꾸만 보고 듣고 하는 이것은 무엇인고, 하고 따라다니다 보니 마음이 산만해지고 결국 안 되는 것입니다.

"보고 듣고 하는 이것이 무엇이냐?" 하더라도 '이것'만 바로 알면 마음이나 물건이나 부처도 무엇인지 바로 알 수가 있는데, 방법을 제대로 알지 못해서 병폐를 얻는 수가 있습니다. 그래서 '이뭐꼬' 하다가 막히는 사람이 찾아오면 '이뭐꼬'를 아주 버리라고는 하지 않습니다. 병폐가 깊이 든 사람에게는 아예 버리라고 하고 완전히 다른 화두를 가르쳐 주지만, 화두 좀 들었다 싶은 사람에게는 "마음도 아니고 물건도 아니고 부처도 아닌 이것이 무엇이냐?" 그렇게 알려주면 좀 달라지곤 합니다.

'부모미생전 본래면목父母未生前 本來面目' 화두도 그렇습니다. "부모한테 몸 받기 전에는 과연 내가 뭐였던가?"

그렇게 하는데 그냥 "뭐였는가?" 이러는 것보다 "어떤 것이 나의 본래 면목인가?" 이렇게 해야 합니다. 예전 조사스님들이 말씀하시는 것을 보면 "어떤 것이 나의 본래 면목인가如何是 余本來面目?" 이렇게 하셨습니다.

육조스님도 도명道明스님에게 이렇게 말씀하셨습니다.

선도 생각하지 말고 악도 생각하지 마라. 바로 이러한 때에 어떤 것이 너의 본래면목인가?

이때에도 '본래면목'을 묻는 것이 아니라 '여하시如何是'를 출발점으로 삼습니다. '어떤 것이'를 묻는 것입니다. 내가 뭐였는가를 자꾸 생각하다 보면 소였는가, 개였는가, 하는 그런 생각에 빠질 수가 있습니다. 그러므로 "뭐였던가?"에 집중하지 말고 "어떤 것이 나의 부모미생전 본래면목인가?" 하면서 '어떤 것'이라고 하는, 이 '여하시'를 기억해야 합니다.

예전에 향엄香嚴스님이 계셨는데 본래 백장百丈스님의 제자였습니다. 백장스님 입적하시고 나서 같은 백장스님 제자인 위산潙山스님한테 가 있는데, 향엄스님의 총명함과 말재주에 사람들의 칭송이 자자했습니다. 그런데 위산스님이 가만히 보니 아무것도 공부가 없는데도 그러고 있는 것이 보였습니다. 그래서 향엄스님을 불렀습니다.

"네가 총명이 제일이고 변재辯才가 제일이어서 천하제일인데, 내가 물으면 대답 못하는 게 뭐 있겠는가? 그래도 내가 한 가지 물을 테니 이걸 한번 대답해봐라."

하고는 본래면목을 물었습니다.

"어떤 것이 너의 부모미생전 본래면목이냐?"

향엄스님이 다른 것은 다 물어도 대답을 했는데 이 질문에서는 대답을 하지 못하고 막혀버렸습니다. 향엄스님이 이런 생각을 했습니다.

'위산스님이나 나나 사람은 똑같은데 위산스님은 큰스님이 되어서 큰소리 탕탕 치니, 나는 이제 어디 가서 굶어 죽을지라도 다시는 선방 밥 안 먹고 어디 토굴에 들어 앉아 화두나 얼른 해서 공부를 성취해서 나오리라.'

그러고는 도망치듯 나와서 자기가 가지고 있는 책을 전부 다 찾아봤습니다. 아무리 찾아봐도 "어떤 것이 부모미생전 본래면목인가?"에 대한 답은 찾을 수가 없었습니다. 그래서 모두 불을 지르고는 남양혜충南陽慧忠 국사가 계시던 유적지에 갔습니다. 혜충국사는 40년 동안이나 산중에서 안 나온 분입니다. 그래서 그 분의 본을 따르기 위해 그곳에 가서 공부하는데, 하루는 풀도 뽑고 마당을 치우다가 던진 기와조각이 대나무에 부딪치는 소리를 듣고 문득 깨달았습니다. 이것을 '향엄격죽香嚴擊竹', 향엄스님이 대나무 소리를 듣고 깨쳤다고 합니다.

부모미생전 화두를 공부할 때는 "부모 몸 받기 전에는 나는 뭐였던가?" 하는 것이 나쁘지는 않지만 "어떤 것이 부모미생전 본래면목인가?" 이렇게 해야 합니다.

화두 이야기 하면 '무자' 화두를 빼놓을 수 없습니다. 흔히 "무자의 의미는 무엇일까?" 하면서 의심을 하는데 무자 화두할 때는 그냥 "무자의 의미는 무엇일까?" 이러지 말고,

"조주스님이 무라고 했는데 어째서 무라고 했는가?" 그렇게 하는 것이 화두의 근본정신입니다.

무자에 대해서 여러 가지 말을 하는데, 그 중에 흔한 이야기가 "모든 것에는 불성이 다 있는데 조주스님은 어째서 개에게는 불성이 없다 했는가?" 하면 의심나기가 쉽다고 말합니다. 그러나 이런 방법으로 하면 상대적인 유무有無의 수준으로 떨어져버립니다. 이것이 있다 없다, 불성이 있는 것이 전부다, 이런 생각을 하게 됩니다. 또, 부처님은 불성이 있다 하셨는데 왜 조주스님은 개에게 불성이 없다고 했나, 하는 유무 상대의 개념이 세워집니다.

하지만 조주무자에 대해서 예전부터 스님들은 이렇게 말씀하셨습니다.

유무의 무도 아니고 진무眞無의 무도 아니다.

그러므로 "일체 중생에게 불성이 있는데 조주스님은 왜 개에게는 없다 그랬는가?" 이러면 화두가 깨져버립니다. "어째서 무라 했는가?" 이렇게 할 때 "유무의 무가 아니다!" 이러면 이 화두가 깨져버린다는 말입니다. 그러니 유무를 떠나서, 조주스님이 분명히 무라 했는데 어째서 무라고 했는지, 그 이유를 알아야 합니다. 조주가 무라고 한 이유를 모르니, 어떻게 했든지 "어째서 무라 했는가?" "어째서 무라 했는가?" 그렇게 자꾸 해 나가야지, 그 무의 뜻이 무엇인가, 하면서 자꾸 분석하면 안 됩니다.

그런데 화두를 참구하다 보면, 화두를 아주 조급하게 밀거나 허술하게 밀면 안 되는 것 같고 하는 느낌이 들 때가 있습니다. 성질 급한 사람은 마음이 조급해지고, 이러다 보면 나중에는 공부가 문제가 아니라 머리가 아픈 병도 생겨서 아무것도 안 되고 맙니다. 거문고 줄을 너무 조이면 팽팽해서 제 소리가 나지 않는 법이고, 또 너무 풀면 느슨해서 소리가 안 나는 법입니다. 그러니 너무 급하게도 너무 느리게도 하지 말고 자연스럽게 "조주가 어째서 무라 했는가?" 하고 생각을 해야 합니다.

잘 안 된다고 자꾸 어째서, 어째서, 하면서 성급하게 하다 보면 상기병上氣病이 생겨서 고생하게 됩니다. 그렇다고 서두르다 병 생긴다고 너무 느슨하게 하면 자꾸 마음이 가라앉아 공부가 안 되고 맙니다. 그러니 너무 급하게도 하지 말고 너무 느리게도 하지 말고 거문고 줄 고르듯이 "어째서 무라 했는가?" 하고 생각해야 합니다.

화두참구는 생각하는 것이지 외우는 게 아닙니다. 너무

급하게도 생각하지 말고 너무 느리게도 생각하지 말고 자연스럽게 해야 합니다. 자연스럽게 하는 것이 좀 어렵긴 하지만 자꾸 해 보면 요령이 생깁니다. 화두는 외우는 것이 아니고 어째서 무라 했는지 그 이유를 알아야 한다는 것을 명심해야 합니다.

해탈의 길

머리말

호화코 부귀코야 맹상군만 하련마는
백 년이 못 다하여 무덤 위에 밭을 가니
하물며 여남은 장부야 일러 무삼하리요.

과연果然이다. 생자필멸生者必滅은 우주의 철칙이니, 대해거산大海巨山도 필경은 파멸하거든 그 사이에 끼어 사는 구구한 미물들이랴!

천하 없는 부귀영화를 누리는 영웅호걸이라도 결국은 죽음을 면하지 못하고 마침내는 소나무 밑에서 티끌이 되나니, 모든 부귀영화는 일장춘몽에 불과하지 않은가!

그러므로 '낙양성 십리 허에 높고 낮은 저 무덤에 영웅호걸이 몇몇이며 절세가인이 몇몇이냐.'고 노래함도 이 소식을 전하여 주는 것이다.

초로인생草露人生, 초로인생, 풀잎의 이슬 같은 인생!

들판의 저 화초는 겨울에는 시들었다가 봄이 오면 꽃이 피건마는, 오직 이 인생은 한 번 죽으면 아주 가서 수천 수백 년의 세월이 바뀌어도 다시 돌아오는 이 없으니, 우주는 인생의 분묘라 함은 이를 두고 말함이니, 참으로 영원한 비극이 아닐 수 없는 것이다.

만고영웅 진시황은 천하를 통일한 후 아방궁을 크게 짓고 밤을 새워 가며 온갖 풍류를 다하여 이 설움을 씻어 보려고 무진 노력을 기울였건만 홀연히 여산驪山의 한 줌 흙으로 돌아가고 말았으니, 이러한 발버둥은 교수대에 오르는 죄수의 가무歌舞에 불과한 것이다.

그러면 인생은 영원한 비극에만 그치고 말 것인가, 아니면 어떠한 일루의 희망이 있는가?

1. 한 물건[一物]

한 물건[一物]이 있으니 천지가 생기기 전에는 항상 있었고, 천지가 다 없어진 후에도 항상 있습니다. 천지가 천 번 생기고 만 번 부서져도 이 물건은 털끝만치도 변동 없이 항상 있습니다.

크기로 말하면 가없는 허공의 몇 억만 배가 되어 헤아릴 수 없이 큽니다. 그래서 이 물건의 크기를 큰 바다에 비유하면, 시방의 넓고 넓은 허공은 바다 가운데 있는 조그마한 물거품과 같습니다.

또 일월日月보다 몇 억만 배나 더 밝은 광명으로써 항상 시방세계를 비추고 있습니다. 밝음과 어두움을 벗어난 이 절대적인 광명은 항상 우주 만물을 비추고 있는 것입니다.

이 물건은 모든 명상名相과 분별分別을 떠난 절대적인 것입니다. 절대라는 이름도 붙일 수 없지만 부득이해서 절대라는 것입니다.

한 물건이란 이름도 지을 수 없는 것을 어쩔 수 없이 한 물건이란 이름으로 표현하니, 한 물건이란 이름을 붙일 때 벌써 거짓말이 되고 마는 것입니다. 그러므로 시방의 모든 부처님이 일시에 나타나서 억천만 겁이 다하도록 설명하려 해도 이 물건을 털끝만치도 설명하지 못하는 것입니다. 자기가 깨쳐서 쓸 따름이요, 남에게 설명도 못하고 전할 수도 없습니다.

이 물건을 깨친 사람은 부처라 하여, 생사고를 영원히 벗어나서 미래가 다하도록 자유자재한 것입니다. 이 물건을 깨치지 못한 중생들은 항상 생사바다에 헤매어 사생육도四生六途에 윤회하면서 억천만겁토록 고생을 하게 되는 것입니다. 아무리 작은 중생이라도 다 이 물건을 가지고 있습니다. 깨친 부처나 깨치지 못한 조그마한 벌레까지도 똑같이 가지고 있습니다. 다른 것은, 이 물건을 깨쳤느냐 못 깨쳤느냐에 있습니다.

석가와 달마도 이 물건은 눈을 들고 보지도 못하고, 입을 열어 설명하지도 못합니다. 이 물건을 보려고 하면 석가도 눈이 멀고 달마도 눈이 멀어버립니다. 또 이 물건을 설명하려고 하면 부처와 조사가 다 벙어리가 되는 것입니다. 오직 깨쳐서 자유자재하게 쓸 따름입니다.

그러므로 고인古人이 말씀하시기를, '대장경은 모두 고름 닦은 헌 종이'라고 하였습니다. 그러나 나는 말하노니 "팔만대장경으로 사람을 살리려는 것은 비상砒霜으로 사람을 살리려는 것과 같다."고 하겠습니다.

경전 가운데도 소승과 대승이 있으니, 대승경에서는 말하기를, "설사 비상을 사람에게 먹일지언정 소승경법小乘經法으로써 사람을 가르치지 말라."고 하였습니다.

그러나 대승경 역시 비상인 줄 왜 몰랐을까? 알면서도 부득이한 것입니다. 그러니 여기에서 크게 정신 차려야 합니다.

오직 이 한 물건만 믿는 것을 바른 신심이라 합니다. 석가도 쓸 데 없고 달마도 쓸 데 없습니다. 팔만장경八萬藏經이란 다 무슨 잔소리인가 하면 오로지 이 한 물건만 믿고 이것 깨치는 공부만 할 따름이요, 그 외에는 전부 외도며 마구니들입니다.

다른 사람들이 다 염불 공덕으로 죽어 극락세계에 가서 말할 수 없는 쾌락을 받는데, 나는 이 한 물건 찾는 공부를 하다가 잘못되어 지옥에 떨어져 억천만겁토록 무한한 고통을 받더라도 조금도 후회하는 생각이 없어야 합니다.

"어떠한 일이 있더라도 오직 이 공부를 성취하고야 만다!" 이러한 결심이 아니면 도저히 이 공부는 성취하지 못합니다. 고인은 말씀하시기를, "사람을 죽이면서도 눈 한번 깜박이지 않는 사람이라야 공부를 성취한다."고 하였습니다.

나는 말하노니, "청상과부가 외동아들이 벼락을 맞아 죽어도 눈썹 하나 까딱이지 않을 만한 무서운 생각이 아니면 절대로 이 공부 할 생각을 말아라."고 하겠습니다.

천 근을 들려면 천 근을 들 힘이 필요하고, 만 근을 들려면 만 근을 들 힘이 필요합니다. 열 근도 못 들 힘을 가지고 천 근 만 근을 들려면, 그것은 어리석은 사람이 아니면 미친 사람일 것입니다. 힘이 부족하면 하루바삐 힘을 길러야 합니다.

자기를 낳아 길러 준 가장 은혜 깊은 부모가 굶어서 길바닥에 엎어져 죽더라도 눈 한번 거들떠보지 않는 무서운 마음, 이것이 고인의 결심입니다. 제왕이 스승으로 모시려 하여도 목을 베이면 베였지 절대로 마음을 움직이지 않는 것이 고인의 지조입니다.

사해四海의 부귀는 풀잎 끝의 이슬방울이요, 만승의 천자는 진흙 위의 똥덩이라는 이런 생각, 이런 안목을 가진 사람이라야 꿈결 같은 세상 영화를 벗어나 영원불멸한 행복의 길로 들어갈 수 있는 것입니다. 털끝만한 이해로써 칼부림이 나는, 소위 지금의 공부인工夫人과는 하늘과 땅인 것입니다. 다 떨어진 헌 누더기로 거품 같은 이 몸을 가리고 심산 토굴에서 감자나 심어 먹고 사는, 최저의 생활로 최대의 노력을 하여야 합니다.

오직 대도大道를 성취하기 위하여 자나깨나 죽을힘을 다해서 공부해야 합니다. 대를 위해서 소를 희생시키지 않으면 대는 도저히 성취하지 못합니다. 사람 몸 얻기도 어렵고, 불법 만나기도 어렵습니다. 모든 불보살佛菩薩은 중생들이 항상 죄짓는 것을 보고 잠시도 눈물 마를 때가 없다고 합니다.

중생이란 알고도 죄짓고 모르고도 죄를 짓습니다. 항상 말할 수 없이 많이 지은 죄보罪報로 사생육도四生六途에 돌아다니며, 말할 수 없는 고생을 하게 됩니다. 따라서 사람 몸 얻기란 사막에서 풀잎 얻는 것과 같습니다. 설사 사람 몸 얻게 된다 하더라도 워낙 죄업이 지중해서 불법 만나기란 더 어렵고 어렵습니다. 과거에 수많은 부처님이 출현하시어 한량없는 중생을 제도했건만, 아직껏 생사고를 면치 못한 것을 보면 불법 만나기가 얼마나 어려운지를 알 것입니다.

이렇게 얻기 어려운 사람 몸을 얻어 더 한층 만나기 어려운 불법을 만났으니, 생명을 떼어 놓고 공부하여 속히 이 한 물건을 깨쳐야 합니다.

사람의 생명은 허망해서 믿을 수 없나니, 어른도 죽고, 아이도 죽고, 병든 사람도 죽고, 멀쩡한 사람도 죽습니다. 어느 때 어떻게 죽을지 알 수 없는 것이 사람의 생명이니 어찌 공부하지 않고 게으름만 피겠습니까. 이 물건을 깨치기 전에 만약 죽게 된다면, 또 짐승이 될지, 새가 될지, 지옥으로 떨어질지, 어느 때 다시 사람 몸 받아서 불법을 만나게 될지, 불법을 만나도 최상 최고의 길인 이 한 물건 찾는 공부를 하게 될지, 참으로 발 뻗고 통곡할 일입니다.

이다지도 얻기 어려운 이 몸을 금생에 제도하지 않으면 다시 어느 생에 공부하여 이 몸을 건지리오. 첫째도 노력, 둘째도 노력, 노력 없는 성공이란 있을 수 없는 것입니다. 무슨 일이든지 노력한 만큼 성공하는 법이니, 노력하고 노력할 것입니다.

2. 상주불멸常住不滅

부처님께서 도를 깨치시고 처음으로 외치시되,

"기이하고 기이하다. 모든 중생이 다, 항상 있어 없어지지 않는[常住不滅] 불성佛性을 가지고 있구나! 그것을 모르고 헛되이 헤매며 한없이 고생만 하니, 참으로 안타깝고 안타깝다."고 하셨습니다.

이 말씀이 허망한 우리 인간에게 영원불멸의 생명체가 있음을 선언한 첫 소식입니다. 그리하여 암흑 속에 잠겼던 모든 생명이 영원한 구제의 길을 얻게 되었으니, 그 은혜를 무엇으로 갚을 수 있겠습니까. 억만 겁이 다하도록 예배드리며 공양 올리고 찬탄할 일입니다.

영원히 빛나는 이 생명체도, 도를 닦아 그 광명을 발하기 전에는 항상 어두움에 가리어서 전후가 캄캄합니다. 그리하여 몸을 바꾸게 되면 전생前生 일은 아주 잊어버리고 말아, 참다운 생명이 연속하여 없어지지 않는 줄을 모릅니다.

도를 깨치면 봉사가 눈뜬 때와 같아서 영원히 어둡지 않아, 천번만번 몸을 바꾸어도 항상 밝아 있습니다. 눈뜨기 전에는 몸 바꿀 때 아주 죽는 줄 알지만, 눈뜬 후에는 항상 밝아 있으므로 몸 바꾸는 것이 산 사람 옷 바꿔 입는 것과 조금도 다름이 없습니다.

눈뜨기 전에는 항상 업業에 끄달려 고苦만 받고 조금도 자유가 없지마는 눈을 뜨면 대자유와 대지혜로 영원한 행복을 누리게 되는 것입니다.

이것을 우리의 실생활에서 보면, 아무리 총명과 지혜가 있는 사람이라도 도를 깨치기 전에는 잠이 깊이 들었을 때처럼 정신이 캄캄하여 죽은 사람같이 아무것도 모릅니다. 그러나 도를 깨친 사람은 항상 밝아 있기 때문에 아무리 잠을 자도 캄캄하고 어두운 일이 절대로 없습니다. 그러므로 참으로 도를 깨쳤나를 시험하려면 잠을 자 보면 스스로 알게 되는 것입니다. 천하 없이 크게 깨친 것 같고 모든 불법 다 안 것 같아도, 잠잘 때 캄캄하면 참으로 바로 깨친 것이 아닙니다. 그러므로 예로부터 큰 도인들이 여기에 대해서 가장 주의하였던 것입니다. 이것이 명明과 암暗을 초월한 절대적 광명이니, 곧 사물의 법성法性이며 불성의 자체입니다.

상주불멸하는 법성을 깨치고 보면, 그 힘은 상상할 수도 없이 커서 비단 세속의 학자들만 설명할 수 없는 것이 아닙니다. 부처님께서 "내가 말하는 법성은 깨치고 보면 다 알 수 있을 것이니, 이것은 시방세계의 모든 부처님이 일시에 나서서 천만 년이 다하도록 그 법성을 설명하려 하여도 털끝 하나만치도 설명하지 못할 만큼 신기하다." 하셨습니다. 시방허공이 넓지만 법성의 넓이에 비교하면 법성은 크나큰 바다와 같고 시방허공은 바다 가운데 조그마한 거품과 같습니다. 허공이 억천만 년 동안 무너지지 않고 그대로 있지만 법성의 생명에 비교하면 "눈 깜짝할 사이에 불과하다"고 하시니, 이것이 시방 모든 부처님의 설명입니다. 이러한 거룩한 법을 닦게 되는 우리의 행복이란 어디에 비유할 수 있겠습니까?

그러므로 고인古人은 이 법문 한마디 들으려고 전신을 불살랐으니, 이 몸을 천만 번 불살라 부처님께 올려도 그 은혜는 천만 분의 일도 갚지 못할 것입니다. 오직 부지런히 공부하여 어서 빨리 도를 깨칠 때, 비로소 부처님과 도인스님들의 은혜를 일시에 갚는 때이니 힘쓰고 힘써야 합니다.

3. 위법망구 爲法忘軀

1) 혜가대사 慧可大師

달마대사達磨大師께서는 처음으로 법을 전하기 위해 중국에 가서 소림사少林寺 토굴 속에 들어가 9년 동안 아무 말도 하지 않고 앉아만 있었습니다.

그때 신광神光이란 스님이 있어 학식이 뛰어나 천하에 당할 사람이 없었습니다. 학문으로는 대도를 알 수 없는 줄 알고 달마를 찾아가서 법을 가르쳐 달라고 간청하였으나 돌아보지도 않았습니다. 섣달 한창 추운 계절인데, 하루는 뜰 밑에 서서 밤을 지나니 마침 눈이 와서 허리까지 묻혔습니다. 그래도 신광스님은 조금도 어려워하지 않고 그대로 서 있으니 달마대사가 '안되었다'는 생각이 들었던지 돌아보며 꾸짖었습니다.

"이 법은 참으로 무서운 결심을 하지 않으면 도저히 성취하지 못하는 것이니, 너 같은 보잘것없는 신심으로 무엇 하겠느냐? 썩 물러가라!"

신광스님은 그 말을 듣자 칼을 들어 팔을 끊고는 달마대사에게 바치고 도를 구하는 결심을 표시했습니다. 달마대사는 그제서야 신광스님에게 머물기를 승낙하고 법을 가르치시니, 나중에 법을 전한 유명한 2조 혜가대사이십니다.

2) 왕화상王和尙

혜통慧通스님은 신라 사람입니다. 그 당시 선무외善無畏 화상이 인도에서 중국으로 들어와 법을 편다는 말을 듣고, 수륙만리를 멀다 않고 신라에서 중국으로 선무외화상을 찾아갔습니다.

가서 제자로 받아줄 것을 간곡히 청하였으나 거절당하였습니다. 그렇게 3년 동안이나 온갖 노력을 다하여 머물기를 청하였으나 시종 거절하였습니다.

하루는 큰 쇠화로에다 숯불을 가득 담아 그것을 이고 무외스님의 방 옆에 가서 서 있었습니다. 화로가 달아서 머리가 익어 터지니 소리가 크게 났습니다. 무외스님이 놀라서 나와 보고는 급히 화로를 내려놓고 물었습니다.

"왜 이러느냐?"

혜통스님이 대답했습니다.

"제가 법을 배우러 천리만리를 멀다 않고 왔습니다. 만약 법을 가르쳐 주지 않으신다면 몸이 불에 타서 재가 되어 날아가면 갔지 죽은 송장으로는 절대로 나갈 수 없습니다."

무외스님이 그 기개를 인정하여 터진 곳을 손으로 만져 합치고 법을 가르쳐 주기로 승낙하였습니다. 그리하여 혜통스님은 크게 성공해서 신라로 돌아와 많은 사람을 교화하였습니다.

그 후 머리가 나은 곳에 큰 흉터가 졌는데, 왕王자 모양이 되어 있어서 세상 사람들이 그를 왕화상이라고 불렀습니다.

3) 포모시자 布毛侍者

초현통招賢通선사는 당나라 때 사람입니다.

젊었을 때 육관대사六官大使 벼슬을 하다가 홀연히 지상의 허망을 깨달아 벼슬을 버리고 집을 나갔습니다. 그 당시 나무 위에 새집처럼 집을 짓고 사는 이가 있었으니, 유명한 조과鳥果선사입니다.

찾아가 "법을 배우겠습니다." 하니 스님은 절대로 듣지 않았습니다.

그래도 남아서 모든 시봉侍奉을 하며 날마다 가르침을 지성으로 빌었습니다. 오늘이나 내일이나 법을 가르쳐 줄까

기다리다가, 세월은 흘러서 16년이나 되었습니다. 그러나 조과선사는 한 말도 일러주지 않았습니다.

그쯤 되니 하도 기가 막혀서 그만 가려고 하니 그제야 조과스님이 물었습니다.

"어디로 가려고 하느냐?"

"다른 곳으로 불법을 배우러 가려고 합니다."

"불법 같으면 나에게 조금은 있다."

하며 포모布毛를 들고 확 부니, 그것을 보고 초현은 확철히 깨쳤습니다. 그 후로도 오랫동안 시봉하다가 나중에 세간에 나아가 큰 도인이 되었으니, 그를 세상에서는 포모시자라 불렀습니다.

4) **자명선사**慈明禪師

자명선사는 임제종의 대표적인 도인입니다. 분양汾陽 화상 밑에서 지내면서 추운 겨울에도 밤낮으로 정진하였는데, 밤이 되어 졸리면 송곳으로 허벅다리를 찌르며 탄식하였습니다.

"고인은 도를 위하여 먹지도 아니하고 자지도 않았거늘, 나는 또한 어떤 놈이기에 게으르고 방종하여 살아서는 때에 보탬이 없고 죽어서는 후세에 이름 없으니 너는 무엇 하는 놈이냐?"

이렇게 정성을 다하여 공부하더니, 후에 크게 깨쳐 분양선사의 도풍을 크게 떨쳤습니다.

5) 불등선사佛燈禪師

불등선사는 불감佛鑑스님 밑에서 지낼 때에 하도 공부가 되지 않아서 크게 분심을 내었습니다.

"만약 내가 금생에 철저히 깨치지 못하면 맹세코 자리에 눕지 않겠다."

이렇게 작정하고, 49일 간을 조금도 앉지 않고 선 채로 공부하여 마침내 크게 깨쳤습니다.

6) 도안선사道安禪師

도안선사는 중국의 진晉나라 때 사람으로 천고千古에 드문 천재였으나 도를 깨치려고 홀로 20년 간 방에 들어앉아 죽을힘을 다하여 공부한 끝에 마침내 깨쳤습니다.

7) 이암선사伊庵禪師

이암권伊庵權선사는 공부할 적에, 해가 지면 눈물을 흘리며 "오늘도 또 이렇게 헛되이 보냈구나!" 하며 울지 않는 날

이 없었습니다.

그리하여 누구와도 절대로 말을 건네지 않고 지내며 정진하였습니다.

4. 수도팔계修道八戒

억천만겁토록 생사고해를 헤매다가, 어려운 일 가운데도 어려운 사람 몸을 받고 부처님 법을 만났으니 '이 몸을 금생에 제도하지 못하면 다시 어느 생을 기다려 제도할꼬' 철석 같은 의지, 서릿발 같은 결심으로 혼자서 만 사람이나 되는 적을 상대하듯, 차라리 목숨을 버릴지언정 마침내 물러나지 않겠다는 각오가 서야만 합니다. 오직 영원한 해탈, 즉 '성불成佛을 위하여 일체를 희생한다'는 굳은 결의로써 정진하면 결정코 영원한 생명을 얻을 것입니다.

1) 세속의 인연을 끊다

세속은 윤회의 길이요, 출가는 해탈의 길이니, 해탈을 위하여 세속을 단연히 끊어버려야 합니다.

부모의 깊은 은혜는 출가수도로써 보답합니다. 만약 부모의 은혜에 끌리게 되면 이는 부모를 지옥으로 인도하는 것이니, 부모를 길 위의 행인과 같이 대하여야 합니다.

황벽희운 선사가 수천 명의 대중을 거느리고 황벽산에 주석하였습니다.

그때 노모가 의지할 곳이 없어서 아들을 찾아갔습니다. 희운선사가 그 말을 듣고는 대중들에게 명령을 내려 물 한 모금도 주지 못하게 하였습니다. 노모는 하도 기가 막혀 아무 말도 못하고 돌아가다가, 대의강大義江 가에 가서 배가 고파 그만 엎어져 죽었습니다. 그리고 그날 밤 희운선사에게 현몽하여 "내가 너에게서 물 한 모금이라도 얻어먹었던들, 다생多生으로 내려오던 모자의 정을 끊지 못해서 지옥에 떨어졌을 것이다. 그러나 너에게 쫓겨나올 때 모자의 깊은 애정이 다 끊어져서 그 공덕으로 죽어 천상으로 가게 되니, 너의 은혜는 말할 수 없다."고 말하며 절을 하고 갔다 합니다.

부처님은 사해군왕四海君王의 높은 지위도 헌신짝같이 벗어 던져버렸으니, 이는 수도인의 만세모범萬世模範입니다. 그러므로 한때의 환몽幻夢인 부모처자와 부귀영화 등 일체를 희생하여 전연 돌보지 아니하고 오직 수도에만 전력하여야 합니다.

또 수도에는 인정이 원수입니다. 인정이 두터우면 애욕

이 아니더라도 그 인정에 끄달리어 공부를 못하게 됩니다. 아무리 동성끼리라도 서로 인정이 많으면 공부에는 원수인 줄 알아야 합니다. 서로 돕고 서로 생각하는 것이 좋은 것 같지만 이것이 생사윤회의 출발이니 "공부하는 사람은 서로 싸운 사람같이 지내라."고 고인도 말씀하셨습니다.

일체의 선인악업善因惡業을 다 버리고, 영원의 자유와 더불어 독행독보獨行獨步해야 합니다. 일반에 있어서 일대 낙오자가 되어 참으로 고독한 사람이 되지 않고는 무상대도無上大道는 성취하지 못합니다. 그러니 일반인과는 38선을 그어 놓고 살아야 합니다. 38선을 터놓고 일반인과 더불어 타협할 때 벌써 엄벙덤벙 허송세월 하다가 아주 죽어버리는 때를 보내는 것을 각오해야 합니다.

2) 모든 욕심을 버려라

욕심 가운데 제일 무서운 것이 색욕色慾입니다. 색욕 때문에 나라도 망치고 집안도 망치고 자기도 망칩니다. 이 색욕 때문에 나라를 다 망쳐도 뉘우칠 줄 모르는 것이 중생입니다. 그러므로 수도하는 데에도 이것이 제일 방해가 됩니다.

부처님께서 말씀하셨습니다.

"이런 것이 하나뿐이기 다행이지, 만약 색욕 같은 것이 둘만 되었던들 천하에 수도할 사람이 하나도 없을 것이다."

이처럼 색욕이란 무서운 것이니, 이 색욕에 끄달리게 되면 수도는 그만두고 지옥도 피하려야 피할 수 없으니, 도를 성취하고 실패하는 것은 색욕을 이기느냐 지느냐 하는 데 달렸다 해도 지나친 말이 아닙니다. 이 무서운 색욕을 근본적으로 끊고자 한다면 도를 성취해야만 합니다. 그러므로 부처님께서도 "도를 성취하기 전에는 네 마음도 믿지 말라."고 하셨습니다.

만약 '색욕을 끊지 않아도 수도하는 데 관계없다'고 하는 사람이 있다면, 이는 자기가 색욕에 끄달리어 남까지 지옥으로 끌고 가는 큰 악마인 줄 깊이 알고 그 말에 절대로 속지 않아야 합니다.

영가永嘉스님 같은 큰 도인도 항상 경계하셨으니

"차라리 독사에게 물려 죽을지언정 색色은 가까이하지 말아라. 독사에게 물리면 한 번 죽고 말지만 색에 끄달리면 세세생생 천만겁토록 애욕의 쇠사슬에 얽매여 말할 수 없는 고통을 받게 되니 피하고 또 멀리하라."고 하셨습니다.

이 얼마나 지당한 말씀입니까.

만약 이것을 끊지 못하면 항상 애욕만 머리에 가득 차서

도는 절대로 들어가지 않습니다. 그리하여 무한한 고의 세계가 벌어지는 것입니다.

"색욕을 끊지 못하고 도를 닦으려 한다는 것은 모래를 삶아 밥을 지으려는 것"이라고 부처님께서 항상 말씀하셨습니다.

예로부터 참으로 수도하는 사람은 자기의 생명을 버릴지언정 색을 범하지 않는 것은 이 때문이니, 남자는 여자를, 여자는 남자를 서로서로 멀리하여야 합니다. 만약 가깝게 하면 결국은 서로 죽고 마는 것이니, 서로서로 범과 같이 무서워하고 독사같이 피하여야 합니다.

어떠한 인격자라도 이성異性을 믿지 말고 친근하지 말지니, 성과聖果를 증득하기 전에는 어떻게 할 수 없는 것입니다. 이성들의 호의는 어떠한 형태의 것이든지 사절하여야 합니다. 오직 영원한 자유를 위하여 일시적인 쾌락을 끊지 못하면, 이는 인간이 아니요, 금수보다도 못한 것입니다.

생사윤회의 근본은 애욕에 있으니 애욕을 끊지 않으면 해탈할 수 없습니다. 그러므로 남녀가 서로서로 멀리하는 것이 성도成道하는 근본이니, 절대로 쉽게 생각해서는 안 됩니다.

3) 남에게 천대받는 일을 감사히 여기라

천하에 가장 용맹스러운 사람은 남에게 질 줄 아는 사람입니다. 무슨 일에든지 남에게 지고 밟히고 하는 사람보다 더 높은 사람은 없습니다.

천대받고 모욕 받는 즐거움이여,
나를 무한한 행복의 길로 이끄는도다.

남에게 대접받을 때가 내가 망하는 때입니다. 나를 칭찬하고 숭배하고 따르는 사람들은 모두 나의 수도를 제일 방해하는 마구니이며 도적입니다.

중상과 모략 등의 온갖 수단으로 나를 괴롭히고 헐뜯고 욕하고 해치고 괄시하는 사람보다 더 큰 은인은 없으니, 뼈를 갈아 가루를 만들어 그 은혜를 갚으려 해도 다 갚기 어렵거늘 하물며 원한을 품는단 말이겠습니까?

나의 공부를 방해하는 모든 사람들을 제거해 주고 참는 힘을 많이 북돋아 주어 도를 일취월장케 하여 주니, 그보다 더 큰 은혜는 없습니다.

칭찬과 숭배는 나를 타락의 구렁으로 떨어뜨리나니

어찌 무서워하지 않으며,

천대와 모욕처럼 나를 굳세게 하고 채찍질하는 것이 없으니

어찌 은혜가 아니랴.

그러므로 속담에도 말하지 않았습니까?.
"미운 자식 밥 많이 주고, 고운 자식 매 많이 때린다."
참으로 금옥金玉 같은 말입니다.

항상 남이 나를 해치고 욕할수록 그 은혜를 깊이 깨닫고, 나는 그 사람을 더욱더 존경하며 도와야 합니다.

한산寒山스님과 습득拾得스님이 천태산 국청사에 있으면서 거짓 미친 행동으로 모든 사람들의 모욕과 천대를 받고 있었습니다.

그 주의 지사가 성인인 줄 알고 의복과 음식을 올리며 절하니 두 스님이 크게 놀라 외쳤습니다.

"이 도적놈아, 이 도적놈아!"

그리고는 도망쳐 달아나서는 다시 세상에 보이지 않았습니다.

또한 나옹懶翁스님은 남에게 대접받지 않고 미움과 괄시를 받기 위해서 일부러 도적질을 했다고 합니다. 이것이 공

부인工夫人의 진실방편眞實方便입니다.

최잔고목摧殘枯木! 부러지고 이지러진 마른 나무막대기를 말함입니다.

이렇게 쓸데없는 나무막대기는 나무꾼도 돌아보지 않습니다. 땔나무도 되지 않기 때문입니다. 불 땔 물건도 못 되는 나무막대기는 천지간에 어디 한 곳 쓸 곳이 없는, 아주 못 쓰는 물건이니, 이러한 물건이 되지 않으면 공부인이 되지 못합니다.

결국은 제 잘난 싸움마당에서 춤추는 미친 사람이 되고 말아서 공부 길은 영영 멀어지고 마는 것입니다. 그러므로 공부인은 세상에서 아무 쓸 곳이 없는 대낙오자가 되지 않으면 안 됩니다. 오직 영원을 위하여 모든 것을 다 희생해서 버리고, 세상을 아주 등진 사람이 되어야 합니다. 누구에게나 버림받는 사람, 어느 곳에서나 멸시당하는 사람, 살아나가는 길이란 공부 길밖에 없는 사람이 되어야 합니다.

세상에서뿐만 아니라 불법 가운데서도 버림받은 사람, 쓸데없는 사람이 되지 않고는 영원한 자유를 성취할 수 없는 것입니다. 천태 지자대사 같은 천고의 고승도 죽을 때 탄식하였습니다.

"내가 만일 대중을 거느리지 않았던들 육근청정六根淸淨

의 성위聖位에 들었을 것이다. 그러나 대중의 어른노릇 하느라고 오품범위五品凡位를 벗어나지 못하였다."

지자대사 같은 분도 이렇게 말씀하셨거늘, 하물며 그 외 사람들이겠습니까..

4) 나를 끊임없이 낮추라

좋고 영광스러운 것은 항상 남에게 미루고, 남부끄럽고 욕되는 것은 남모르게 내가 뒤집어쓰는 것이 수도인의 행동입니다. 육조대사六祖大師가 말씀하셨습니다.

"항상 자기의 허물만 보고 남의 시비, 선악은 보지 못한다."

이 말씀이야말로 공부하는 사람의 눈입니다. 내 옳음이 추호라도 있을 때에는 내 허물이 태산보다 큽니다. 나의 옳음을 찾아보려야 찾아볼 수 없는 사람이라야만 조금 철이 난 사람입니다. 그렇게 되면 무슨 일이든지 내 허물만 보이고, 남의 허물은 보려야 볼 수 없는 것입니다.

세상 모두가 '내 옳고 네 그른 싸움'이니, 내 그르고 네 옳은 줄만 알면 싸움이 영원히 그치게 될 것입니다. 그러니 깊이 깨달아 '내 옳고 네 그름'을 버리고 항상 나의 허물, 나의 잘못만 보아야 합니다. 법연法演선사가 말씀하셨습니다.

"20년 동안 죽을힘을 다해서 공부하니, 이제 겨우 내 부끄러운 줄 알겠다."

'내 잘났다'고 천지를 모르고 어깨춤을 추는 어리석음에서 조금 정신을 차린 말씀입니다.

뉴톤은 천고千古의 큰 물리학자입니다. 세상 사람들이 자기를 '훌륭하다'고 많이 존경하였으나 뉴톤 자신은 그것을 이해하지 못하였습니다.

자기가 생각해 볼 때 자신은 대학자는 고사하고 아무것도 모르는 사람인데, 왜 자기를 대학자로 취급하는지 의심했었습니다. 그래서 그는 항상 말하였습니다.

"우주의 진리는 대해大海같이 넓고 깊다. 그러나 나는 바닷가에서 조개껍질이나 줍고 노는 어린아이에 불과하여, 진리의 바다에는 발 한번 적셔 보지 못했다."

이 말도 자기의 어리석음을 조금 짐작하는 말입니다. 서양의 제일가는 철학자 소크라테스는 항상 크게 외쳤습니다.

"나는 단지 한 가지만 안다. 그것은 아무것도 모른다는 것이다."

그러나 참으로 아무것도 모르는 사람이 볼 때, 세상 사람들은 참으로 제 못난 줄 아는 사람들이 아니요, 다 제 잘나 자랑하는 사람들입니다.

임제종의 중흥조인 법연선사는 누가 법문을 물으면 항상 말씀하셨습니다.

"나는 아무것도 모른다. 나는 아무것도 모른다."

천하의 어리석은 사람들, 무엇을 안다고 그렇게도 떠드는지 이해할 수 없는 일입니다.

지상에서도 가장 존경을 받는 위대한 인물은, 오로지 모든 사람을 가장 존경하는 사람입니다. 왜냐하면 자기의 잘나지 못함을 자각하는 만큼 그 사람의 인격이 높아지기 때문입니다.

내가 나 잘나지 못함을 철저히 깨달아 일체를 부처님과 같이 섬기게 되면, 일체가 나를 부처님과 같이 섬기지 않을 수 없을 것입니다. 가장 낮고 낮은 곳이 자연히 바다가 되나니, 이것은 일부러 남에게 존경을 받으려는 데서 오는 것이 아닙니다. 만약 조금이라도 남에게 존경을 받을 생각이 있으면 남이 존경하지 않을 것입니다.

어떤 사람이 말하였습니다.

"내 몸을 낮추고 또 낮추어 밑 없는 곳까지 내려가니, 나도 모르는 사이에 가장 높은 곳에 서 있더라."

어느 날 공자가 노자를 보러 가니, 노자가 말했습니다.

"그대를 보니 살과 뼈는 다 썩고 오직 입만 살았구나. 큰

부자는 재산을 깊이 감추어 없는 것같이 하고 어진 사람은 얼굴을 아무것도 모르는 어리석은 사람과 같이 하나니, 그대의 교만한 행동과 도도한 생각을 버려라. 무엇을 알기에 그렇게 잘난 척 하는가?"

공자가 듣고 크게 탄복하며, 노자를 '용과 같다'고 하였습니다.

노자가 또 공자에게 말하였습니다.

"내 부탁하노니 누구든지 총명한 사람이 그 몸을 망치는 것은 다 남의 허물을 잘 말하기 때문이니, 부디부디 조심해서 남의 나쁜 것과 그른 것을 입 밖에 내지 말아라."

이 두 분은 지상에서 큰 성인이라 존경받는 분들입니다. 서로 처음 만났을 적에 이런 말로써 경계하니, 누구든지 일생 동안 지켜도 남을 말들입니다.

하심下心의 덕목을 몇 가지 적어 보겠습니다.

一. 도가 높을수록 마음은 더욱 낮추어야 하니, 모든 사람들을 부처님과 같이 존경하며 원수를 부모와 같이 섬긴다.

一. 어린이나 걸인이나 어떠한 악인이라도 차별하지 말고 극히 존경한다.

一. 낮은 자리에 앉고 서며 끝에서 수행하여 남보다 앞서지 않는다.
一. 음식을 먹을 때나 물건을 나눌 때 좋은 것은 남에게 미루고 나쁜 것만 가진다.
一. 언제든지 고되고 천한 일은 자기가 한다.

5) 늘 참선에 힘쓰라

모든 육도만행六度萬行은 그 목적이 생사해탈生死解脫, 즉 성불成佛에 있으니, 성불의 바른 길인 참선에 정진하지 않으면 이는 고행외도苦行外道에 불과합니다.

정진은 일상日常과 몽중夢中과 숙면熟眠에 일여一如가 되어야 조금 상응함이 있으니, 잠시라도 화두에 간단間斷이 있으면 안 됩니다.

정진은 필사의 노력이 필수조건이니, 등한·방일하면 미래겁이 다하여도 대도大道를 성취하지 못하니, 다음 조항을 엄수하여야 합니다.

一. 네 시간 이상 자지 않는다.
一. 벙어리같이 지내며 잡담하지 않는다.
一. 문맹같이 일체 문자를 보지 않는다.

一. 포식·간식하지 않는다.
一. 적당한 노동을 한다.

6) 모든 어려움을 참고 견디라

병 가운데 제일 큰 병은 게으름병입니다. 모든 죄악과 타락과 실패는 게으름에서 옵니다. 게으름은 편하려는 것을 의미하니, 그것은 죄악의 근본입니다. 결국은 없어지고 마는 이 살덩어리 하나 편하게 해주려고 온갖 죄악을 다 짓는 것입니다.

노력 없는 성공은 없습니다. 그러므로 대성공자는 대노력가 아님이 없습니다. 그리고 이 육체를 이겨내는 그 정도만큼 성공이 커지는 것입니다.

발명왕 에디슨이 항상 말했습니다.

"나의 발명은 모두 노력에 있다. 나는 날마다 스무 시간 이상 노력하여 연구했다. 그렇게 30년 간 계속하였으나 한 번도 괴로운 생각을 해본 일이 없다."

또한 여래의 정법이 두타제일頭陀第一인 가섭존자에게로 이르렀으며, 총림을 창설해서 만고의 규범을 세운 백장스님은 "하루 일하지 않으면 하루 먹지 않는다[一日不作 一日不食]"고 한 이치가 이와 같습니다.

손끝 하나 까딱하지 않고 편히 지내려는 생각, 이러한 썩은 생각으로는 절대 대도를 성취하지 못합니다. 땀 흘리면서 먹고 살아야 합니다. 남의 밥 먹고 내 일 하려는 썩은 정신으로써는 만사불성萬事不成입니다.

예로부터 차라리 뜨거운 쇠로 몸을 감을지언정 신심 있는 신도의 의복을 받지 말며, 뜨거운 쇳물을 마실지언정 신심인의 음식을 얻어먹지 말라고 경계하였습니다.

이러한 철저한 결심 없이는 대도는 성취하지 못하니, 잊지 말고 잊지 말아야겠습니다..

'일일부작 일일불식一日不作 一日不食'이라는 만고철칙을! 오직 영원한 대자유를 위해 모든 고로苦勞를 참고 이겨야 합니다.

7) 모든 중생을 위해 참회하라

일체 중생의 죄과는 곧 자기의 죄과이니, 일체 중생을 위하여 매일 백팔참회百八懺悔를 여섯 번 하되 평생토록 하루도 빠지지 않고 시행합니다. 그리고 건강과 기타 수도에 지장이 생길 때에는 모두 자기 업과이니, 1일 삼천배를 일주일 이상씩 특별 기도를 합니다.

또 자기의 과오만 항상 반성하여 고쳐 나가고, 다른 사람

의 시비는 절대로 말하지 않습니다.

8) 남 모르게 남을 도우라

수도의 목적은 이타에 있습니다. 이타심이 없으면 이는 소승외도小乘外道이니, 심리적·물질적으로 항상 남에게 봉사합니다.

자기 수도를 위하여 힘이 미치는 대로 남에게 봉사하되 추호의 보수도 받아서는 안 됩니다. 노인이나 어린아이나 환자나 빈궁한 사람을 보거든 특별히 도와야 합니다.

부처님의 아들 라홀라는 10대 제자 가운데서도 밀행제일密行第一이라 합니다. 아무리 착하고 좋은 일이라도 귀신도 모르게 합니다. 오직 대도를 성취하기 위해서 자성自性 가운데 쌓아 둘 따름, 그 자취를 드러내지 않습니다. 한 푼 어치 착한 일에 만 냥어치 악을 범하면 결국 어떻게 되겠습니까? 자기만 손해 볼 뿐입니다.

예수도 말씀하지 않았습니까?

"오른손의 선행을 왼손이 모르게 하라."

세교世敎도 그렇거늘, 하물며 우리 부처님 제자들은 어떻게 하여야 할지 생각해 보면 알 것입니다.

천마디 말보다 한 가지 실행, 실행 없는 헛소리는 천번만

번 해도 소용이 없습니다. 아는 것이 천하를 덮더라도 실천이 없는 사람은 한 털끝의 가치도 없는 쓸데없는 물건이 되는 것입니다. 참으로 아는 사람은 말이 없는 법입니다.

그러므로 고인은 말씀하였습니다.

"아는 사람은 말하지 않나니, 말하는 사람은 모르는 사람이다."

또 말하기를,

"옳은 말 천마디 하는 것이 아무 말 없는 것만 못하다."

그러니 오직 실행만 있을 뿐 필요하지 않은 말은 없어야 합니다.

5. 참선궁행參禪窮行

부처님께서 아난에게 말씀하셨습니다.

"설사 억천만겁 동안 나의 깊고 묘한 법문을 다 외운다 하더라도 단 하루 동안 도를 닦아 마음을 밝힘만 못하느니라."

또 말씀하셨습니다.

"내가 아난과 같이 멀고 먼 전생부터 같이 도에 들어왔다. 아난은 항상 글을 좋아하여 글 배우는 데만 힘썼기 때문에 여태껏 성불하지 못하였다. 나는 그와 반대로 참선에

만 힘써 도를 닦았기 때문에 벌써 성불하였다."

노자도 말씀하셨습니다.

"배움의 길은 날마다 더하고, 도의 길은 날마다 덜어 간다. 덜고 또 덜어 아주 덜 것이 없는 곳에 이르면 참다운 자유를 얻는다."

또 옛 도인이 말씀하셨습니다.

"마음은 본래 깨끗하여 명경明鏡과 같이 밝다. 망상의 티끌이 쌓이고 쌓여 그 밝음을 잃고 캄캄 어두워서 생사의 고를 받게 된다. 모든 망상의 먼지를 다 털어버리면 본래 깨끗한 밝음이 드러나 영원히 어두움을 벗어나서 대자유의 길로 들어가게 되는 것이다. 학문을 힘쓰는 것은 명경에 먼지를 자꾸 더하는 것이어서 생사고를 더 깊게 한다. 오직 참선해야 먼지를 털게 되어 나중에는 생사고를 벗어나게 된다."

또 말씀하셨습니다.

"학문으로써 얻은 지혜는 한정이 있어서 배운 그 범위 밖은 모른다. 그러나 참선하여 마음을 깨치면 그 지혜는 한이 없어, 그 지혜의 빛은 햇빛과 같고 학문으로 얻은 지혜의 빛은 반딧불과 같아서 도저히 비유도 안 된다."

육조대사六祖大師는 나무장수로서 글자는 한 자도 몰랐습니다. 그러나 도를 깨친 까닭에 그 법문은 부처님과 다름없고, 천하 없이 학문이 많은 사람도 절대로 따를 수 없었습니다.

천태天台스님이 도를 수행하다 크게 깨치니, 그 스승인 남악南岳스님이 칭찬하며 말했습니다.

"대장경을 다 외우는 아무리 큰 지식을 가진 사람이라도 너의 한없는 법문은 당하지 못할 것이다."

과연 그래서 천고에 큰 도인이 되었습니다.

역易선사는 고봉高峰선사의 법제자입니다. 출가해서 심경心經을 배우는데, 3일 간에 한 자도 기억하지 못하였습니다.

그 스승이 대단히 슬퍼하니, 누가 보고 "이 사람은 전생부터 참선하던 사람일 것이다."라고 하여 참선을 시키니, 과연 남보다 뛰어나게 잘하였습니다. 그리하여 크게 깨쳐 그 당시 유명한 고봉선사의 제자가 되어 크게 법을 폈습니다. 99세에 입적하시어 화장을 하니, 연기는 조금도 나지 않고 사리가 무수히 쏟아져서 사람들을 더 한층 놀라게 하였습니다.

부처님께서 말씀하셨습니다.

"시방세계에 가득 차는 음식, 의복, 금은보화로써 시방세계의 부처님께 공양 올리고 천만년 예배를 드리면 그 공덕이 클 것이다. 그러나 이 많은 공덕도 고苦 받는 중생을 잠깐 도와준 공덕에 비하면 천만 분의 일, 억만 분의 일도 못 된다."

참으로 지당하신 말씀입니다.

부처님 제자로서 자기 생활을 위하여 부처님의 본의本意를 어기고 부처님 앞에만 '공양 올리라' 한다면, 이는 불문佛門의 대역大逆이니 절대로 용서치 못할 것입니다.

중생을 돕는 법공양을 버리면 광대무변한 부처님의 대자비는 어느 곳에서 찾겠습니까? 탄식하고 탄식하지 않을 수 없는 일입니다.

그러나 이렇게 큰 법공양도 화두만 참구하는 자성공양自性供養에 비교하면 또 억만 분의 일도 못 됩니다. 참으로 자성공양을 하는 사람 앞에서는 백천 제불이 칭찬은 감히 꿈에도 못하고, 3천 리 밖으로 물러서지 않을 수 없는 것입니다.

영명永明 선사가 말씀하셨습니다.

"널리 세상에 참선을 권하노니, 설사 듣고 믿지 않더라도 성불의 종자는 심었고, 공부를 하다가 성취를 못하여도 인간과 천상의 복은 훨씬 지나간다."

이러한 말씀들은 내 말이 아니라 시방제불과 조사들이 함께 말씀하신 것입니다.

악은 물론 버리지만 선도 생각하면 안 됩니다. 선·악이 모두 생사법生死法이어서 세간의 윤회법이지 출세간의 절대법은 아닙니다. 선·악을 버려서 생각지 말고 오직 화두 하나만 의심하는 것이 참다운 수도인입니다.

그러므로 옛 조사가 말씀하셨습니다.

"대자비심으로 육도만행, 곧 남을 돕는 큰 불사를 지어 공부를 성취하려는 사람은 송장을 타고 큰 바다를 건너려는 사람과 같느니라."

또 조주趙州스님이 말씀하셨습니다.

"너희들은 총림에 있으면서 10년, 20년 말하지 않고 공부하여라. 그래도 너희를 벙어리라 하지 않으리라. 이렇게 공부하여도 성취 못하거든 노승의 머리를 베어 가라."

과연 그렇습니다. 공부하는 사람은 입을 열어 말을 하게 되면 그 순간이 공부가 끊기는 때이니, 이런 식으로 공부해서는 천만 년 하여도 소용없습니다. 오직 항상 계속해서 간단이 없어야 합니다.

일본의 도원道元선사는 일본에 처음으로 선을 전한 사람입니다. 중국 송나라에서 공부를 성취하고 환국하여 처음으로 외쳤습니다.

"일본은 불법이 들어온 지 벌써 8백 년이 되어 각종 각파가 전국에 크게 흥성하지마는 불법은 없다. 고려는 조금 불법을 들었고, 중국은 불법이 있다."

이 무슨 말인가?

팔만대장경으로써 온 우주를 장엄하여도 그 가운데 자성을 깨친 도인이 없으면, 그것은 죽은 송장의 단장에 불과한 것입니다. 모든 법의 생명이 자성을 깨치는 데 달렸기 때문입니다.

자성을 밝히는 선문에서 볼 때에는 염불도 마구니이며, 일체 경전을 다 외워도 외도이며, 대자비심으로써 일체 중생을 도와 큰 불사를 하여도 지옥귀신입니다. 모두 다 생사법이지 생사를 벗어나는 길은 되지 못하니, 필경 송장 단장에 지나지 않는 것입니다. 오직 자성을 밝히는 길만이 살길입니다.

그러므로 앙산仰山스님이 말씀하셨습니다.

"『열반경』40권이 모두 마설魔說이니라."

『열반경』은 최상승경인데, 이것을 마설이라고 하면 일체경이 전부 마설이 아닐 수 없습니다. 오직 자성만 믿고 닦아야 합니다.

동산洞山스님이 말씀하셨습니다.

"부처와 조사 보기를 원수같이 하여야만 바야흐로 공부

하게 된다."

또 옛 조사가 말씀하셨습니다.

"비로자나의 머리 위에 있는 사람이 되어라. 아니, 누구나 다 비로자나 부처님의 머리 위에 앉아 있지 않은 사람이 없느니라."

또 말씀하셨습니다.

"장부 스스로 하늘을 찌르는 기운이 있거니, 어찌 부처의 가는 길을 가리오. 올빼미는 다 크면 그 어미를 잡아먹나니, 공부인도 필경은 이와 같아야 한다."

곧 부처와 조사를 다 잡아먹는 사람이 되어야 합니다. 그때가 부처님의 은혜를 갚게 되는 때입니다.

그러므로 적수단도赤手單刀로 살불살조殺佛殺祖라 합니다. 이것이 대낙오자大落伍者의 일상생활이며 대우치인大愚痴人의 수단방법입니다.

6. 인과역연因果亦然

만사가 인과의 법칙을 벗어나는 일은 하나도 없어, 무슨 결과든지 그 원인에 정비례합니다.

콩 심은 데 콩 나고, 팥 심은 데 팥 나는 것이 우주의 원칙입니다. 콩 심은 데 팥 나는 법 없고 팥 심은 데 콩 나는 법 없나니, 나의 모든 결과는 모두 나의 노력 여하에 따라 결과를 맺습니다.

가지씨를 뿌려 놓고 인삼을 캐려고 달려드는 사람이 있다면, 이는 미친 사람일 것입니다. 인삼을 캐려면 반드시 인삼씨를 심어야 합니다.

불법도 그와 마찬가지로 천만사가 다 인과법을 떠나서는 없습니다. 세상의 허망한 영화에 끄달리지 않고 오로지 불멸의 길을 닦는 사람만이 영원에 들어갈 수 있습니다.

허망한 세상길을 밟으면서 영생을 바라는 사람은 물거품 위에 마천루를 지으려는 사람과 같으니 불쌍하기 짝이 없습니다.

이것이 생사윤회하는 근본원칙이니, 대도를 닦아서 불멸을 얻으려는 사람은 모든 행동을 이 원칙에 비추어 일시 죽는 한이 있더라도 영원을 위해서 악인과惡因果는 맺지 않아야 합니다.

모든 일이 다 나의 인과 아님이 없으니, 추호라도 남을 원망하게 되면 이같이 어리석은 사람은 없을 것이며 이같이 못난 사람도 없을 것입니다.

좋은 일이건 나쁜 일이건 모두 내가 지어 내가 받는 것인데 누구를 원망한단 말입니까? 만약 원망한다면 명경을 들여다보고 울면서, 명경 속의 사람보고는 웃지 않는다고 성내는 사람입니다. 또 몸을 구부리고 서서, 그림자보고 바로 서지 않았다고 욕하는 사람입니다. 이런 사람을 어리석지 않다고 할 수 있겠습니까?

천만사가 전생이건 금생이건 다 내 인과인 줄 깊이 믿어 남을 원망하지 말고 자기가 더욱더 노력하여야 할 것이니, 이래야 인과를 믿는 수도인이라 이름할 것입니다.

털끝만큼이라도 남을 해치면 반드시 내가 그 해를 받습니다. 만약 금생이 아니면 내생, 언제든지 받고야 맙니다. 그러므로 나를 위하여 남을 해침은 곧 나를 해침이고, 남을 위하여 나를 해침은 참으로 나를 살리는 길입니다.

부처님께서 전생에 누더기를 깁다가 모르고 바늘로 누더기 속에 든 이 한 마리를 찔러 죽였습니다. 이 인과로 성불하여서도 등창이 나서 오랫동안 고생하셨습니다. 그러므로 부처님도 정업定業은 면하기 어려우니, 자기가 지은 죄업은 꼭 재앙을 받고 맙니다.

인과의 법칙은 털끝만치도 어김이 없습니다. 그러나 출가한 불자로서 수도를 부지런히 하지 않고 해태굴懈怠窟에 빠져서 시주물만 헛되이 소비하는 무리는 하루에 천 명을 때려 죽여도 인과가 없다 하였습니다.

이 얼마나 무서운 말입니까.

오직 부지런히 정진할 것입니다. 비극 중에 가장 큰 비극은 스님이 가사 입은 몸으로서 공부를 부지런히 하지 않고 게으름만 부리다가, 죽어서 악도惡途에 빠져 사람 몸을 잃어버리는 것입니다.

지금 불자로서 사람 몸을 잃지 않을 만한 사람이 몇이나 되는지 걱정하고 걱정할 일입니다.

7. 이계위사 以戒爲師

부처님께서 열반에 드실 때 최후로 부촉하셨습니다.

"내가 설사 없더라도 계戒를 스승으로 삼아 잘 지키면 내가 살아 있는 것과 같으니, 부디 슬퍼하지 말고 오직 계로써 스승으로 삼아 열심히 공부하라. 너희가 계를 지키지 못하면 내가 천년만년 살아 있더라도 소용이 없느니라."

지당한 말씀입니다. 계는 물을 담는 그릇과 같습니다. 그릇이 깨어지면 물을 담을 수 없고, 그릇이 더러우면 물이 깨끗하지 못합니다. 흙그릇에 물을 담으면 아무리 깨끗한 물이라도 흙물이 되고 말며, 똥그릇에 물을 담으면 똥물이 되고 맙니다. 그러니 계를 잘 지키지 못하면 문둥이 같은 더러운 사람의 몸도 얻지 못하고 악도에 떨어지고 마는 것입니다.

그러니 어찌 계를 파하고 깨끗한 법신을 바라겠습니까. 차라리 생명을 버릴지언정 계를 파하지 않으려는 것은 바로 이 때문입니다.

자장율사慈藏律師는 신라 귀족의 아들로서 사람됨이 하도 훌륭하여, 국왕이 속인으로 환속케 하여 대신으로 삼으려고 자주 사신을 보냈습니다. 그러나 아무리 간청하여도 오지 않으니 왕이 크게 노하여 사신에게 칼을 주며 "목을 베어 오라"고 하였습니다. 사신이 가서 전후사를 자장스님께 알리니, 스님은 웃으며 말하였습니다.

"나는 차라리 하루 동안이라도 계를 지키다 죽을지언정, 계를 파하고서 백년동안 살기를 원치 않노라."

사신이 이 말을 듣고 차마 죽일 수 없어 왕에게 돌아가 사실대로 아뢰니, 왕도 노기를 거두고 더욱 스님을 존경하였습니다.

고인古人이 말씀하셨습니다.

"알고서 죄를 지으면 산 채로 지옥에 떨어지나니라."

수도인은 더욱 명심하고 명심할 것입니다.

맺음말

진흙 속에 깊이 묻혀 아무리 찾아보아도 찾아볼 수 없는 옥玉, 참으로 무한한 가치와 영원한 생명을 가진 보배입니다.

진흙을 떠나 지상에 나올 때 벌써 그 옥은 깨어진 물건이며, 따라서 두 푼어치 가치도 없습니다. 천 사람 만 사람이 밟고 다녀도 옥인 줄 모를 그때, 햇빛보다 더 밝고 가을 하늘보다 더 맑았습니다.

사람의 손에 들어와 말할 수 없는 귀여움을 받는 날, 욕심이 첩첩이 쌓이고 악심惡心에 거듭거듭 묶이어 똥보다 더 럽고 창부보다 더 천하게 되니, 참으로 통곡하고 통곡할 노릇입니다.

오직 진흙 속에 깊이깊이 묻혀 영원토록 짓밟히기를 바라는, 이것이 수도인修道人의 참다운 풍치風致입니다.

넓고 넓은 천지, 끝없이 흐르는 세월!

그동안 천만번 몸을 바꾸어 사생육도四生六途를 헤매며 돌아다녔으니, 큰 바닷물보다 많은 어머니의 젖을 먹었고 태산보다 높은 뼈를 버렸습니다.

내 뼈 묻히지 않은 곳 어디 있으며, 내 피 흘리지 않은 곳이 어디 있으랴.

부모형제 되지 않았던 중생 어디 있으며, 처자권속 되지 않았던 중생 어디 있으랴.

애욕에 불타고 이양利養에 굶주리며 지치고 시달리어 잠깐도 편할 때가 없습니다.

하루 일만 생각해도 가슴이 찢어지고 창자가 끊어지나니, 천생만생千生萬生의 기나긴 인연을 생각하면 한숨이 바람 되고 눈물이 바다 되어도 오히려 남음이 있을 것입니다.

하물며 앞으로 또 닥쳐 올 일! 미래겁이 다할 것이 아닙니까.

이런 줄 알면서도 뼈가 아리고 살이 떨리지 않는 사람이 있다면, 이는 목석木石보다 더한 물건입니다.

수도인은 송곳으로 다리를 찌르고 바늘로 입을 끌어매고서, 오로지 일체 만사를 다 버리고 영원불멸하는 자성을 밝힐 따름입니다.

영원한 자유의 길

재개정 1쇄 2015년 4월 30일
재개정 2쇄 2019년 1월 10일

지은이 퇴옹 성철
발행인 여무의(원택)
발행처 도서출판 장경각

등록번호 합천 제1호
등록일자 1987년 11월 30일

본　사 경남 합천군 가야면 해인사길 122 해인사 백련암
서울사무소 서울시 종로구 삼봉로 81
　　　　　 (수송동, 두산위브파빌리온) 1232호
전　화 (02)2198-5372
팩　스 (050)5116-5374
홈페이지 www.sungchol.org

ⓒ 2015, 장경각

ISBN 978-89-93904-16-1 03220

값 6,000원

※이 책에 실린 내용은 무단으로 복제하거나 전재할 수 없습니다.
※잘못된 책은 교환해 드립니다.